U0720595

科学与现代世界

Science and the Modern World

科学与现代世界

Science and the Modern World

［英］A.N. 怀特海 著

傅佩荣 译

Alfred Whitehead

上海人民出版社

译序　现代心灵的宝藏

一

怀特海（A.N. Whitehead，1861—1947）是当代英美第一大哲，他的思想贯穿了科学、哲学与宗教，不仅博大圆融，而且迭创新境。他的学术生命可以划分为三个时期：

（一）剑桥时期：他十九岁入剑桥大学，专研数学，毕业后留校任教达三十年之久。这段期间他出版了几本有关代数与几何的论文，并与他的学生罗素（Bertrand Russell）合著《数学原理》（*Principia Mathematica*）——主旨在证明数学可以从形式逻辑的前提推演而成。这部书早已成为当代数理逻辑的经典之作，但是怀特海与罗素之分道扬镳也种因于此。怀氏曾说："我与罗素对符号的运用意见相同，但是对符号的意义则意见不同。"数学是一切科学的基础，怀氏早年所受的数学教育，使他对近代的科学思潮可以出入自得。

（二）伦敦时期：怀氏于1911年应聘于伦敦大学，他的思想逐渐扩展到哲学领域。这段期间的著作都是衔接科学与哲学的，像《自然知识原理》（*Enquiry Concerning the Principles of Natural Knowledge*）、《自然概念》（*The Concept of Nature*）、《相对论原理》（*The Principle of Relativity*）等。

（三）哈佛时期：1924年是怀特海生命中的转折点。当时他已六十三岁，由于接受哈佛大学的邀请而移居美国，开始讲授哲学。这是他一生中最具创造力而又意气风发的时期。哈佛上空升起了灿烂的光芒；由于他，哈佛大学恢复了昔日威廉·詹姆斯、罗伊斯、桑塔亚纳、闵斯特伯格等群贤毕集的黄金时代。怀氏的代表作相继问世，造成科学界、哲学界、宗教界的连环震撼。他的《科学与现代世界》（即本书）（1925 年）被誉为**"自笛卡儿方法论以来，探讨科学与哲学关系的最重要著作"**。他的《历程与实在》（*Process and Reality：An Essay in Cosmology*）（1929 年）则是今日各种"历程学派"的开山经典，也是机体主义哲学的扛鼎之作。其中观念之综摄、见解之独到、语汇之创新、气势之宏伟，皆为当世罕有。至于思想要义，论者多以中国华严宗哲学的周遍圆融来相互显扬。怀氏又有专书讨论"宗教之形成"、"观念之探险"、"理性之职能"、"教育之目的"、"思想之模式"等等。总结怀氏一生教学五十四年，除了自身翱翔于学术领域、成就一代宗师之外，更能积极入世、关怀人间；他在哈佛执教期间，每周一晚上在家中与学生聚会畅谈，十三年之久从未间断。他的热忱与专注简直是宗教性的。普莱士（Lucien Price）在《怀特海对话录》序言中说："我在一日工作之余前往怀特海府上，这时我疲倦得几乎不能维持连续的交谈。然而，跟他经过四五个小时的交谈而在半夜出来之后，我总兴奋得像有一把熊熊的生命之火在燃烧。难道他能放射出精神的电力吗？"

二

怀氏的智慧不仅在谈话中闪现光彩，同时在著作中也经常凝炼为格言式的佳构，传颂一时。像《科学与现代世界》这种看似艰深的题材，他也处理得兴味盎然。

首先，怀氏讨论"近代科学的起源"。他指出：希腊的悲剧、罗马的法律、中世纪对神的信仰，共同形成近代人潜意识中对"自然秩序"的绝对信念，奠定了科学探讨的基础。接着，怀氏指出"思想史中的'数学'因素"是促发近代科学兴起的关键，并且简述数学在全盘欧洲历史中的影响。

然后，怀氏分章详述 17、18、19 三个世纪中，西方文化在科学发展的影响下所呈显的面貌。17 世纪是"天才的世纪"，那个时代的人继承了 16 世纪历史性革命所引发的观念酵素，又把涉及人生各方面的现成思想体系传给后代。当时曾经发表世界性重要著作的人物比比皆是，像弗朗西斯·培根、哈维、开普勒、伽利略、笛卡儿、帕斯卡尔、惠更斯、波义耳、牛顿、洛克、斯宾诺莎、莱布尼茨等。其中，伽利略、笛卡儿、惠更斯与牛顿尤为杰出，"这四人通力合作所获的成就，可以理直气壮地视为人类知识史上最伟大的史无前例的贡献"。近代科学的整个理论架构在此完全确立。但是这个时期的宇宙却难免于沦入"自然机械论"，就是以自然为大机械的唯物论与决定论。万物在时间与空间中是以"简单定位"的方式存在的，亦即各自孤立，其间只有外在关系，而无内在性质的表达。物质与心灵成为两个隔绝的系统，无法沟通。"自然界是枯燥乏味的，既没有声音，也没有香气或颜色，而只有资料在毫无意义地，永远不停地匆匆流转。"

怀氏认为，"文明如果不能超脱流行的抽象概念，便会在极其有限的进步之后陷于瘫痪。"18 世纪的思想家对于"简单定位"提出了批评，连带也逐渐瓦解了自然机械论。在"空间"中，每一体积皆在自身反映出其他体积。同样，每一段"时间"的延续也在本身反映出一切时间的延续。"时—空"合而观之，是事件相互之间的秩序，以及事件本身某些特质的展示。这样一来，

"自然"可以被视为"摄受统一体的综合",而成为一个扩张性的发展过程；它必然地从一个摄受体过渡到另一摄受体，而使过去、现在、未来形成动态的辩证关系；它本身又是一个进化过程的结构——实在即是历程。可惜的是，这套学说在当时这本书中还只在构思阶段。

三

怀氏的丰富才学使他在讨论 19 世纪之前，从科学的角度分析"浪漫主义的逆潮"。他引用了弥尔顿的《失乐园》、蒲伯的《论人》、华兹华斯的《漫游集》、丁尼生的《追忆集》（又译为《悼念》）、雪莱的《解放了的普罗米修斯》与《白山》等。这些引述与分析充分证明了：**真正伟大的文学家不仅能够反映时代风潮，更能掌握时代精神，点化时代症结，深入理解时代的宇宙观与形上信念。**怀氏根据上述"逆潮"来证明他的理论是时代的正确动向。他的主张是"机体机械论"——分子将遵照一般规律盲目运行，但是每一分子由于所属整体的一般机体结构不同，而使其内在性质也随之各不相同。这样一来，"心灵"的意义获得肯定，"价值"的体验也得到了证实。

19 世纪最大的发明，就是找到了"发明的方法"。在科学方面，这是一个连接理论与实践的时代。怀氏指出四大基本概念之递嬗与证验，就是：物理作用场、原子机体观、能量不灭律与进化原理。机体不仅具备交互作用，而且能够选择目的、协调发展；对于周遭的环境，机体可以适应，更能够创造新的生机。怀氏由英美新实在论的背景出发，终能步上机体论与历程论，并与法国哲学家柏格森的创化论遥相呼应，实为当代思潮的一大盛事。

　　接着，怀氏评介了相对论与量子论。他不仅详细描述这两种学说的产生过程，同时还以他所主张的"自然机体论"来互相阐发。这两章导引出他对"科学与哲学"的讨论。根据怀氏的了解，17世纪以来，科学守住了唯物的自然，哲学则守住了思维的心智。这种科哲分家的现象，造成了主客对立的心物二元论。但是，我们的意志下决定时，躯体也会发生物理作用；这说明分子在躯体中会受到"整个"模式的影响而改变。不但如此，我们自身有把多种不属自己的事物统一起来的功能；没有任何主体具有独立的实在，因为一切主体都是包容其他主体的有限位态而成的。机体论的出发点，是事物处在互相关联的共域中的体现过程——实在即是历程。

四

　　本书最具形上色彩的两章是"抽象"与"上帝"。

　　西方传统形而上学的核心概念是"共相"（universal），意指抽象而超越的实有；怀特海以"永恒所对"来取代"共相"一词，似乎更能表达"共相"原有之既超越而又遥契内在的双回向性质。他所谓的"抽象"是：永恒所对本身不必涉及任何特殊的经验事态就可以直接理解，但是它与实际事态又必须有恰当的联系。至于"上帝"概念，则是亚里士多德整个形而上学系统的盖顶石。怀氏首先承认亚氏为最伟大的形而上学家，但是对于亚氏以上帝为"第一推动者"提出质疑。由于物理学的进步与宇宙观的修正，怀氏主张上帝是"终极的限制"，是一切具体事物实际性的根据。但是对于上帝的本性却无法申说，因为那种本性就是理性的基础。这套思想在怀氏《宗教之形成》和《历程与实在》中都加以充分阐发，并且启导了当代宗教哲学的两大显学之一——"历程神学"：一方面使上帝摆脱"恶源"之罪名，另一方面使人类的自由意志得以立足。

宗教与科学之间的冲突由来已久，似乎难以化解。近三个世纪以来，宗教一直处于防守地位，显得欲振乏力。因为科学每前进一步，便证明宗教信念的表达方式需要作某种修正。但是，宗教的存在可以被忽视吗？绝对不可以。怀氏认为，**宗教表达了人类某种基本经验，是人性寻求上帝的反响。这种反响使人类产生崇拜之心与虔敬之德，进而为实际人生的价值（如道德与美感）奠下基石。**但是，宗教并非人类的鸦片，上帝也不是弱者的避风港；怀氏严正指出："**对上帝的崇拜不是安危的法则，而是一种精神的探险，是追求无法达成的目标之行动。压抑高尚的探险希望，就是宗教灭亡的来临。**"这段话对今日宗教界应是暮鼓晨钟。

总结以上所论，怀氏最后落实于当前社会，谈到"社会进步之要件"。科学的发展促使社会结构趋于分工与专化；但是细节上的进步只能增加由于调度不当而生的危险。换句话说，就是：总的方向发生了迷惑，以致形成不和谐的整体。只有提倡"机体主义"才能对症下药。从教育的观点来看，怀氏所欣赏的人格是"文质彬彬，然后君子"。从人类生存的角度来看，怀氏认为只有互助合作才是唯一的真理。他的解释亲切可喜，他说："**人类需要邻人具有足够的相似处，以便互相理解；具有足够的相异处，以便激起注意；具有足够的伟大处，以便引发羡慕。**"

伟大的世纪都是不安定的世纪——正因为不安定，人类在各方面的天才必须一展无遗。而在所有天才中，又以哲学家最为可贵。怀特海在本章结束时说："伟大的征服者从亚历山大到凯撒，从凯撒到拿破仑，对后世的生活都有深刻的影响。但是从泰勒斯到现代一系列的思想家，能够移风易俗、改革思想原则。前者比起后者，又显得微不足道了。这些思想家个别看来是无能为力的，但最后却是世界的主宰。"这段话放在我国历史上来看，也是非常恰当的。

五

以上所述，只是简略介绍怀氏《科学与现代世界》一书的要旨。对于研究哲学的人而言，这本书提供了近代科学思潮的来龙去脉以及优劣定位，更能衔接科学、哲学与宗教，辨明其交互作用与密切关系。对于研究科学的人而言，这本书展现了科学革命的形而上学基础，并且点出了科学前景的因应之道。对于一般知识分子，则这本书是现代心灵的宝藏之一，值得细读深思。

本书曾有中文译本，只是不知何人所译，又不详何时何地出版。我在翻译时，前三章为重译，第四章起则根据原文修订旧译本，掠美之处极多，特此注明。

傅佩荣

1981 年 7 月 7 日

目　录

前言　科学与哲学

本书主要研究过去三个世纪中，西方文化在科学发展的影响下所显示的某些方面。我相信**时代思潮的形成，源自社会的知识阶层所普遍接受的宇宙观**。本书即以这种信念为指导原则。但是，由于文化部门繁多，观念体系也可能不止一种。人类的各种活动，像科学、美学、伦理学、宗教，都可能产生宇宙观，而又受宇宙观的影响。这些题材在每一时代都各自提出不同的宇宙观。同一群人会受到一种以上或全部上述活动的影响，因此他们的实际观点便是上述各种来源的综合产物。虽然如此，每一时代还是有一种占支配地位的观念体系；**在本书所讨论的三个世纪中，科学方面所产生的宇宙观超越了其他方面所形成的旧观点而跃居主流**。人类总是受到时间空间的限制。我们要问：现代世界新近出现的科学思想是不是这种局限性的大好例证。

哲学的功用之一，是批判宇宙观。换句话说，就是将各种有关事物本质的直觉加以调和、重建形式，并提出证明。在形成宇宙观体系时，它必须坚持清查终极观念，并依从全部论据。**它的任务是尽量把未经理智检验而无意识形成的过程明确化，并且使之产生效果。**

因此之故，我无意介绍科学进展方面许多深奥的细节。目前的需要以及我个人的目标，在于以同情的了解去研究主要观念的内在情况。假使我对哲学功用的看法没错，它就是一切知识活动中最有成效的。它在工人尚未搬来一块石头之前就盖好了教堂，又在自然因素尚未剥落拱门时就毁掉了教堂。它是精神建筑物的工程师及破坏者——物质来到之前，精神已经先到了。另一方面，哲学的效用又缓慢显出。思想往往潜伏好几个世纪，然后人类几乎突然间发现它们已经体现在习俗中了。

本书内容主要包括1925年2月间所发表的八篇"罗威尔演讲"（Lowell Lectures）。目前出版的形式，就是把这些讲稿稍加扩充，并把其中一篇分成第七、八两章。此外再增加一些那次演讲所无法容纳的内容，尽量使本书的思想更加完整。新增的内容中，如第二章"思想史中的'数学'因素"，是我在布朗大学（Brown Univ.）的数学学会中所发表的演说；第十二章"宗教与科学"是我在哈佛大学（Harvard Univ.）发表的演说，并将刊登于今年（1925）8月号的《大西洋杂志》（*Atlantic Monthly*）；第十章"抽象"与第十一章"上帝"则是首次在本书中出现的材料。本书代表一套完整的思想体系，其中的内容曾经怎样利用只是次要的问题。

本书曾参考摩根（Lloyd Morgan）的《突创进化论》（*Emergent Evolution*）与亚历山大（Alexander）的《时间、空间与神性》（*Space，Time and Deity*）等书，但没有机会详细注明。读者不难看出这些书对我的启发极大。我尤其要感谢亚历山大那本伟大的著作。本书由于涉及的范围很广，所以观念及资料的来源都无法详细注明。它是我多年来阅读及思考的成果，但原先并未想到要出版，所以现在再想详细注明资料出处已经无从下手了。幸好，我所引用的事实都是简单清楚及众所周知的。在哲学方面，关于知识论的探讨完全没有列入。因为假使列入的话，势必使全书顾此失彼。**本书的主要目的，在于说明一种流行的哲学思潮具有压倒一切的重要性。**

本书承同事德谟斯先生（Mr. Raphael Demos）代为校读清样，并在文字表达上提出许多宝贵意见，特此致谢。

A.N.怀特海

1925 年 6 月 29 日于哈佛大学

第一章 近代科学的起源
The Origins of Modern Science

文明的进展并不完全像是渐趋佳境的一道巨流；假使我们以相当大的比例尺绘制成图，也许它会显示上述外观，但是这种广泛的看法往往使细节模糊，而那些细节却是我们全盘理解文明进展过程之基础。假使我们从绵延数千万年的全部历史看来，新时代的出现往往相当突然。默默无闻的民族忽然在人类事件的主流中崛起；技术上的发现改变了人类生活的结构；原始的艺术迅速开花结果，满足了某种审美的热情；伟大的宗教在草创时期就在各民族之间传布天国的和平与上帝的审判。

公元 16 世纪，西方基督宗教陷于分崩离析，近代科学适时兴起。那是一个排荡冲激、翻腾酝酿的时代，各种新范畴与新观点纷然杂陈，可是没有一样得到确定。在科学方面，哥白尼（Copernicus）与维萨留斯（Vesalius）堪为典型，他们代表了当时的新宇宙观以及强调直接观察的科学精神。布鲁诺（Giordano Bruno）成为殉道者，虽然他的受难不是为了科学，而是为了自由构思的玄想。严格说来，近代科学的第一个世纪肇始于他在 1600 年之受刑而死。可惜后继的科学思潮不采信他那种空泛的玄想，所以布鲁诺受刑事件的象征意义未曾被人察觉。宗教改革虽然极其重要，但只被视为欧洲民族的家务事，连东方的基督徒也袖手旁观、无动于衷。此外，这种分裂在基督宗教或其他宗教的历史中，也不是前所未见的。我们即使把这次大革命投射到基督宗教的全盘历史中观察，也无法认为它给人类生活创立了什么新的原则。不论好坏如何，这是一次伟大的宗教改革，但并非一种新宗教的出现。**宗教改革运动本身并不要求一种新宗教的出现，而宗教改革者也说他们只是恢复那些被人遗忘的东西而已。**

至于近代科学的兴起，情况却大不相同。它在各方面都和当时的宗教运动形成对比。宗教改革是一种群众性的普遍骚动，曾使整个欧洲在一个半世纪中沐浴在血泊里。而科学运动初起时，却只限于少数知识界的精英。在那目睹三十年战争的征伐，与阿尔法（Alva）尼德兰屠杀事件仍记忆犹新的时代，科学界人物遭到的最大不幸，只是伽利略（Galileo）在平安地寿终正寝以前所受光荣的拘禁与和缓的谴责。有史以来，人类面貌最深入的变革就以这种平静的方式开始，而伽利略之受迫害可以说是这个变革的开幕献礼。因为自从一个婴儿降生在马槽里以来*，还很难找出有这么大的一次变革是由这么小的事件引发的。

这一系列演讲的主题，是要说明**科学上这种平静的发展，实际上完全改变了我们的思想面貌，使以往某些例外的思想方式如今却在知识界广为流传**。这种思想面貌的改变在欧洲人民中已经缓慢进行了许多年代，最后爆发为科学的飞跃进步；新的思想面貌也由于得到这种显著的印证而愈益增强了。这种新的心态甚至比新科学与新技术更为重要。它改变了我们心中的形而上学前提与构思的内容，使得以往的旧刺激能够获得新的

---

* 指耶稣降世。——此类注释为译者注，下同，不另标出

反应。新面貌的比喻也许言过其实，我所要说的是那失之毫厘、差以千里的变化。关于这一点，令人敬佩的天才威廉·詹姆斯（William James）在一封刊布的信中有一句很贴切的话。当他完成《心理学原理》（*The Principle of Psychology*）那部伟大的著作之后，曾写了一封信给他的弟弟亨利·詹姆斯（Henry James），信上说：**"我必须根据无情而客观的事实，来铸成每一个句子。"**

以上所谓近代思想的新面貌，就是对于普遍原则与无情而客观的事实之间的关系，产生了强烈无比的兴趣。古往今来世界的每一角落，都有注重实际的人致力于"无情而客观的事实"，同时也有偏好哲学的人热衷于构思普遍原则。对个别事实的狂热兴趣以及对抽象概括的极度倾心，就构成了近代社会的新气象。以往这种现象只是零星出现，而且似乎出自偶然。但是，这种思想上的平衡兼顾，现在却成为有素养的思想家所必须接受的传统之一。这是使生命保持甘甜的盐。大学的主要任务就是要继承这一传统，把它当作普世的文化遗产而代代相传。

在 16、17 世纪时，科学得以凌驾欧洲各种潮流之上的另一特色，是它的"普及性"（universality）。近代科学诞生于欧洲，但是却以整个世界为家。近两个世纪以来，西方文化模式曾长期而纷乱地影响亚洲文化。东方的贤哲之士在过去和现在都一直深感困惑，不知道哪一种控制生命的秘密可以从西方传到东方，而不致胡乱破坏他们所应予珍视的遗产。情况愈来愈明显，西方给予东方最现成的就是它的科学与科学观点。这类东西只要是有理智的社会，就能从一个国家传播到另一国家，从一个民族传扬到另一民族。

在这一系列演讲中，我不拟讨论科学发现的详细内容。我的主题是近代世界某种思想状况的繁荣发展过程、它的普遍结论，以及它对其他精神力量的影响。研究历史的方法有两种，一是从流溯源，一是从源溯流。在思想史中，这两种方法都不可偏废。一位 17 世纪的作家说得好，**要了解一种观点的趋势，必须考虑它的前因后果**。因此，我这次演讲将讨论近代探究自然界的方法之某些前因。

首先，假使我们没有一种出自本能的信念，相信事物之中存在着秩序，尤其是自然界中存在着秩序，那么近代科学就不可能产生。我用"出自本能的"（instinctive）一词是经过考虑的。只要人们的行为受着固定本能的控制，那么无论口头上怎么说都是没有关系的。口头上的说法也许最后能毁灭本能，但在没有达到这一点以前，它是不能算数的。这一论点对于科学思想史来说更加重要。因为我们发现自从休谟（David Hume）的时代以来，流行的科学哲学始终在否认科学的合理性。这种结论系以休谟哲学的表面理论为基础，我们不妨以他的《人类理解研究》（*Inquiry Concerning Human Understanding*）第四节的一段话为例说明：

> 总之，任何结果都是一项与它的原因不同的事件。因此不能在原因中找出结果；我们对于结果的先验的拟想或概念，必定是完全武断的。

假使原因本身不能对结果提供任何消息，以致结果概念的产生变成完全武断，那么我们便可以立即作结论说：科学是不可能存在的，除非科学的意义就是建立完全武断的关联，而那些关联也完全得不到原因或结果的固有本质的证实。休谟哲学的某些样式在科学家中流传极广。但是科学的信念适时兴起，不声不响地移开了哲学所造成的这一座山。

当我们看到科学思想中这种奇怪的矛盾时，首先就该考虑：那个与自成体系的理性之要求互不相侔的信念，它的前提是什么。为此，我们必须追溯那确信在每个已存事件中皆可发现自然秩序的本能信念，其根源究竟何在。

我们当然都具有这种信念，因而也都相信产生这种信念的理由是，我们了解其中的真理。但是一个普遍观念——自然秩序的观念——之形成，以及对该观念的意义之了解与在不同情况下的观察，却绝不是该观念的真理所产生的必然结果。我们所熟悉的事物不断发生，人类并不关心它们。**要从事分析十分明显的事物，必须具有非凡的心智。**因此，我预备谈谈这种分析经过哪些阶段才明确展现，最后又如何坚定不移地深入欧洲知识分子的心中。

显而易见，生命中主要事物之不断重现，只要是稍有理智之人都不能不注意到：甚至在理性出现以前，它们就已对动物的本能发生作用了。大体说来，某些自然现象是重复产生的，我们的本性也适应了那些重复现象：这一点毋须多加讨论。

但是，另一个同样明显而真确的相关事实是：没有任何事物会把一切细节完全重现出来。任何两天或两个冬季都不会完全相同。过去的，永远过去了。因此，人类的实用哲学只能预见大体上的重复现象，而把那些细节看成出自神秘莫测的事物深处，超越了理性的范围。人们可以预期旭日东升，但是风却可以来去自如。

肯定地说，从希腊古典文明时代以来就有许多人、甚至许多派的人，不接受这种极端的非理性现象。他们努力把所有现象都解释成无微不至的事物秩序所产生的结果。天才人物，如亚里士多德（Aristotle）、阿基米德（Archimedes）或培根（Roger Bacon）等人一定都具有充分的科学心态，他们本能地认为一切大小事物都可以看作是支配全部自然秩序的普遍原则之体现。

但是直到中世纪结束以前，一般知识分子对这种观念还没有深切的认识与详细的兴趣，因此不可能不断鼓动具有相当能力与充分时间的人来共同研究，以发现这些假设的原则。当时的人可能是怀疑这些原则的存在，也可能是怀疑能否认识它们；可能是没有兴趣思索这些问题，也可能是在找到之后又看不出它们的实际意义。不论其原因为何，从一个高度文明的大好时机及其所经历的漫长时间看来，当时的研究是相当消沉的。但是到了 16、17 世纪时，为什么步伐又突然加快了呢？中世纪结束时涌现了一种新思潮，发明刺激了思想，思想又加速了对自然界观察的进展；与此同时，希腊的手稿也显示了古人的发现。虽然直到 1500 年欧洲人所知的还比不上公元前 212 年去世的阿基米德那么多，但是到了 1700 年，牛顿（Issac Newton）的《自然哲学的数学原理》业已完成，而整个世界也就迈入近代的新纪元了。

在某些伟大的文明中，科学研究所需要之独特的心理均衡只是偶尔出现，并且产生的效果极微。例如，**我们对中国的艺术、文学与人生哲学知道愈多，就会愈羡慕这个文化所达到的高度。**数千年来，中国不断出现聪明好学之士，毕生致力于学术研究。**从历史的绵延与影响的广度来看，中国的文明是世界上自古以来最伟大的文明。**中国人就个人而言，从事研究的禀

赋是无可置疑的，可是中国的科学毕竟微不足道 *。如果任由
中国自行发展，我们没有理由相信它会在科学上产生任何进步。
印度的情形亦复如此。还有，如果波斯人奴役了希腊，我们就
没有充分理由相信科学会在欧洲繁荣起来。罗马人在这方面并
没有表现特殊的创造性。即使就希腊人来说，他们虽然掀起了
这个运动，但却没有用近代欧洲所表现的那种热情来支持它。
我不是指大西洋两岸最近几代的欧洲人，而是指宗教改革时期
范围较小的欧洲而言，那时的欧洲人都沉浸在战争与宗教纷争
里。我们再看看地中海东岸从西西里到西亚细亚这一地区，从
阿基米德死后（公元前 212 年）到鞑靼入侵那一千四百年之间
的情形。那儿曾发生多次的战争、革命与宗教的大变革，但是
比起 16、17 世纪整个欧洲的战争，情况坏不了多少。那儿也有
一个伟大而繁荣的文明，混合了异教、基督宗教与伊斯兰教的
成分。在那一时期，科学上也增添了不少东西。但整个看来，
进展还是迟缓而迂回的：除了数学以外，文艺复兴时期的人实
际上还须从阿基米德已经达到的地步开始。他们在医学与天文
学方面固然产生若干进步，但整个的进展情况比起 17 世纪那种
令人惊叹的成就，简直微不足道。我们不妨把 1560 年伽利略与
开普勒（Kepler）即将出生之前，到 1700 年牛顿鼎盛时期为
止，这一段时间中科学知识的进步，与上述恰好长了十倍时间
的古代进步相比较，事情就不言而喻了。

不过，**希腊终究是欧洲的母体，要找到近代观念的起源，
就必须回溯于希腊。我们都知道，地中海东岸曾有一个非常兴

---

* 怀氏在此显然把科学心态与科学发明混为一谈，进而以近代科学为评断标
准，所以有此想法。观诸李约瑟的《中国之科学与文明》及《大滴定》，应
知实情并非如此单纯。

盛的爱奥尼亚（Ionian）哲学学派，他们对有关自然的理论深感兴趣。他们的观念经过天才的柏拉图与亚里士多德充实增益之后，一直流传到今天。但是这一学派并没有达到完全的科学心态，只有亚里士多德是极大的例外。从某些方面来说，这样更好。希腊的天才人物是富于哲学性的，他们思路明晰而长于逻辑。这一派人物主要在提出哲学问题：自然的始基是什么？是火、土还是水？甚或是其中两种或三种的组合？或者它纯为一种流变，不能化约为任何静态物质？这派人物对数学也极感兴趣：他们创立了数学的普遍原理，分析其前提，并且严格遵照演绎推论的方式，在定理方面获得重要发现。他们心中充满了喜爱普遍原则的热忱。他们要求清晰而大胆的观念，再由这些观念进行严格的推论。所有这一切都非常高明而富于天才，是一种观念上的准备工作，但却不是我们所理解的科学。那时仔细观察的耐心尚未占主要地位。他们的天才尚无法适应归纳法的综合过程——因为归纳法在得出结果之前，在思想上常有一种混乱的悬疑状态。他们都是明智的思想家与大胆的推理家。

当然其中也有例外，像他们的最高代表亚里士多德与阿基米德等人。同时也有许多天文学家进行了耐心的观察，对星象方面提出简洁的数学推论，并且曾经幻想天上有一群可以计数的行星逃逸了。

每一种哲学都濡染了一种无形的思想背景，那种背景在该哲学的推理过程中从不显现出来。希腊人的自然观，至少就他们流传到后世的宇宙观看来，本质上是戏剧性的。这种观点并不一定不对，只是太过于戏剧性了。他们认为宇宙的结构方式就像一出戏剧的情节，完全为了体现普遍观念，再归结到一个目的。自然被分化了，每一样东西都安排有一个适当的目的。

宇宙有一个中心，是重质物体运动的目的，还有一个天界，是本性上浮的物体运动的目的。天界属于无知觉与无繁衍的物体，下界则属于有知觉与能繁衍的物体。自然是一出戏，万物皆扮演各自的角色。

我并不是说，亚里士多德可以不作重大保留就能同意这一看法，事实上，他所要保留的意见也是我们所要保留的意见。然而，希腊后期的思想体系从亚里士多德的学说中抽绎出来流传至中世纪的，却正是这一看法。这种关于自然之想象的结构窒息了历史精神。既然只有"目的"能说明问题，那么何必追究它的本源呢？宗教改革与科学运动形成了历史性革命的两个侧面，此历史性革命就是文艺复兴后期的主要思潮。这一思潮的两面是：回溯基督宗教之源，以及培根（Francis Bacon）之主张动力因而反对目的因。伽利略也是为了这个缘故才与他的对手陷于无法解脱的矛盾中，这一点从他的《关于两大世界体系之对话》（*Dialogues on the Two Systems of the World*）可以看出。

伽利略一直在谈事物"如何"发生，而他的对手则有一套完整的理论说明事物"为何"发生。可惜这两套理论所得的结果并不相同。伽利略坚持"无情而客观的事实"，他的对手辛普力丘斯（Simplicius）则提出另一套至少在他本人看来很充分的理由。我们若把这次历史性革命视为提倡理性的革命，那就完全错了。事实正好相反，这是一次道道地地的反理性运动，是退回到沉思神秘事物的运动，其基础在于中世思想的僵硬理性之回光返照。我这个说法只是概括了老派人物自己的结论。例如我们在萨尔比（Paul Sarpi）神父的《特兰托宗教会议史》（*History of the Council of Trent*）第四部看到，1551 年主持会议的教皇特使曾下令：

> 一切神职人员的观点都必须符合圣经、宗徒传统、神
> 圣而正式的宗教会议、教会法典与教父的权威著作；大家
> 都须简洁自处，避免虚浮无益的问题与乖僻的争论。……
> 这道命令使意大利的神职人员颇感不悦，他们认为这是标新
> 立异，故意谴责经院神学，因为经院神学遇到困难时总是运
> 用理智的。甚且（根据这条法令）连托马斯·阿奎纳（St.
> Thomas Aquinas）与波拿文都拉（St. Bonaventure）等名人
> 的做法也都不合规定了。

这些意大利神职人员坚持已经过时的无限制的理性主义，
实在令人无法不表同情。他们被大众抛弃了：新派教徒坚决反
对他们，教皇也不支持他们，宗教会议上的主教们甚至无法理
解他们。在上述引文的稍后有这么一段话：

> 虽然许多人（对这法令）提出意见，但却没有起什么
> 作用，因为神父们（亦即主教们）普遍都希望听到大家说
> 出平凡能懂的话，而不希望像在"成义之德"或其他已经
> 讨论过的问题中一样，听到深奥难解的话。

可怜的中世主义者来得太迟了！当他们运用理性的时候，
甚至连那个时代的统治阶层都听不懂。后来经过许多世纪，顽
强的事实才逐渐被理性所了解，那时钟摆也缓慢而沉重地摆到
运用历史方法的那一极端去了。

这些意大利神职人员写下上述史籍之后四十三年，胡克

（Richard Hooker）在他著名的《教会法》（*Laws of Ecclesiastical Polity*）一书中对他的清教徒对手也提出同样的抱怨。胡克思想平稳，素有"公平的胡克"之誉；他的文体松懈冗杂，极难作成简短扼要的总结。但是他在刚才提到的一节中，曾以"他们对理智的污蔑"一语指斥他的对手。并且，还明确提及"最伟大的经院神学家"来支持他的说法，我想他所指的是托马斯·阿奎纳。

胡克的《教会法》出版于萨尔比的《特兰托宗教会议史》之前不久。因此这两部书是各自独立写成的。但不论是 1551 年的意大利神职人员，还是 16 世纪末的胡克，都证明了当时反理性主义的思潮：在这方面，他们把经院学派的时代与自己的时代对立起来了。

这一反作用对中世纪漫无限制的理性主义而言，无疑是一非常必要的纠正。但是反作用都是极端的。因此它所造成的后果之一虽然是近代科学，但是我们不要忘记，科学也因而承袭了这一源流的偏执思想。

希腊戏剧作品透过各种形式在许多方面对中世纪的思想产生间接影响。今日存在的科学思想，其始祖是古雅典的伟大悲剧家埃斯库罗斯（Aeschylus）、索福克勒斯（Sophocles）与欧里庇得斯（Euripides）等人。他们认为命运是冷酷无情的，驱使着悲剧性事件不可避免地发生：而这正是科学所持的观点。**希腊悲剧中的命运，成了近代思想中的自然秩序。**他们全神贯注于特殊的英雄事迹，把它当作命运的证明与实例；在我们这个时代，这一点表现为致力于决定性事件的实验上。我曾有幸参加在伦敦召开的皇家学会会议，会中听到英国皇家天文观察员宣布：著名的日蚀照片已经由他在格林威治天文台的同事测量出来，结果，证明爱因斯坦（Einstein）对光线经过太阳附近时将发生弯曲的预言是正确的。当时全场那种兴高采烈的情绪完全是希腊戏剧式的气氛：我们都同声称颂这一卓越事件在发展过程中所显示的命运的律令。当时每一情景都具有戏剧性：传统的仪式与墙上的牛顿画像都在提醒我们，伟大的科学理论在两个多世纪以后的今天得到了第一次修正。这不是个人有无兴趣的问题，因为一次思想上的大冒险终于安全抵达彼岸。

我想提醒一句，**悲剧的本质并非不幸，而是事物无情活动的严肃性。**但是命运的这种必然性，只有透过人生中真实的不幸遭遇才能说明。因为只有透过这些剧情才能说明逃避是无用的。这种无情的必然性充满了科学思想。**物理的定律即是命运的律令。**

希腊戏剧中伦理秩序（moral order）这一概念，绝不是戏剧家自己发现的。它应该是当时一般严肃的观点流传到文学传统中所产生的结果。但在得到这一有力的表现形式之后，它又回转来加深了本身所发源的思潮。于是，伦理秩序的景象深深印在古典文明的思潮中了。

伟大的希腊社会崩溃之后，欧洲进入中世纪。希腊文学的直接影响消逝了。但是伦理秩序与自然秩序观念却受到斯多葛派哲学（Stoic）的崇拜。例如勒奇（Lecky）在《欧洲伦理思想史》（*History of European Morals*）一书中就说："塞涅卡（Seineca）认为神给一切事物规定了一条毫不容情的命运法则，但是神本身也服从这条法则。"而斯多葛派影响中世纪思想最深的，还是透过罗马法散布各地的秩序观念。我们再引勒奇的一段话作说明，他说："罗马的立法从两方面来看都是哲学的产儿。首先，它根据哲学的模式而制定，因为它并不纯粹是适应社会实际需要的经验系统，而是先确定许多关于权利的抽象原则，然后再力求符合。其次，这些原则又都是直接从斯多葛派哲学借来的。"罗马帝国崩溃后，欧洲的广大区域实际上都陷入无政府状态。但法律秩序的观念却仍然存在于帝国人民的民族传统中。同时，西方教会的继续存在也活生生地体现了帝国法治的传统。

必须注意的是，**中世纪文化上的这种法律的烙印**，并不是几句贯穿行为的明智格言，而是一套明确规定的系统观念，界定了一个社会机体的详细结构与行动方式之法律义务。其中没有任何含糊不清的东西。它**并不是一些令人羡慕的格言，而是将事物放置并保持在适当位置上的确定程序。中世纪在秩序感方面为西欧知识界形成一个很长的训练时期。**当时也许缺乏一些实践，但这观念在任何时候都没有被冲淡。显然那是一个有秩序的思想的时期，完全是理性主义的时期。结果，无政府状态加速形成了一个完整体系的观念：正如近代欧洲的无政府状态刺激了"国际联盟"这一明智观念的产生。

但是对科学而言，除了事物秩序的一般观念以外，还需要别的东西。我们只要用一句话，就能说明经院逻辑与经院神学长期统治的结果，如何把清楚精确的思想习惯深深种在欧洲人的心中了。这种习惯在经院哲学被否定以后仍然一直流传下来；就是寻求精确的论点，并在找到之后坚持不改的可贵习惯。伽利略得益于亚里士多德之处，尚不仅是我们在他那部《关于两大世界体系之对话》中所见者；他那条理清晰而分析入微的头脑便是从亚氏学来的。

然而说到这里，我认为我仍未道出**中世纪思想对科学运动的形成所提出的最大贡献，是指一种坚定不移的信念，认为每**

一细微事物都可以用完全肯定的方式与它的前提联系起来，并且联系方式也体现了普遍原则。没有这个信念，科学家的惊人工程就毫无希望了。这个出自本能的信念生动地存在于推动各种研究的想象力之中，就是：有一个秘密存在，并且它是可以揭穿的。这个信念是怎么如此生动地印在欧洲人的心中呢？

我们试比较欧洲思想的这种倾向与其他自成体系的文化状况，就可以看出它只有一个来源，即中世纪对神的理性之坚定信念，这种理性被视为兼具耶和华（Jehovah）本身的神力与希腊哲学家的理性。每一细微事物都受着神的监督并被置于一种秩序中，研究自然的结果只能证实对理性的信念。但请记住：我说的不是少数个人公开表示的信念，而是欧洲人心中由于数百年未曾受到质疑的信念所产生的印象。这信念是一种本能的思想风尚，而不仅是文字的信条。

在亚洲方面，关于神的观念不是太武断就是离人性太远，因此无法对于思想的本能习惯发生多大影响。他们认为，任何固定的事物都是出自一个非理性的专制神明的命令，不然便是从一种非人性的不可思议的事物根源中来的。他们不曾产生类似我们所有的信念，认为神具有像人性一般可以理解的理性。我并不是说欧洲人相信自然可以穷究这一点已经在逻辑上得到了证明，这个问题甚至在神学中也没有证明。我唯一的目的只是要理解这问题如何产生。我的解释是，在近代科学理论尚未发展以前人们就相信科学可能成立的信念，是不知不觉地从中世纪神学中导引出来的。

但科学并不仅仅是出自本能的信念之产物，它还需要对生活中的简单事物本身具有积极的兴趣。

"为事物本身"（for their own sake）这一点很重要。中世纪初期是一个象征主义的时代。那是观念丰富的时代，也是技术原始的时代。当时涉及自然的事很少，只限于在自然界谋得一个艰苦的生活。但那时的哲学与神学都具有等待开发的思想园地。原始的艺术把充满在思想家心中的观念象征化了。中世纪初期的艺术具有一种无与伦比的吸引力：它的使命超越了艺术本身为达成审美目的而存在的范围，成了深藏在自然界内部的事物之象征，如此更增强了它的内在品质。在这个象征主义的时期，中世纪艺术以自然为媒介而繁荣发展，但它却是倾向另一世界的。

　　中世纪前期的环境，与科学思想所需要的气氛是截然不同的，为了理解两者之间的对比，我们不妨把意大利6世纪的情形与16世纪比较一下。在这两个世纪中，意大利的天才人物都在为新时代奠基。6世纪之前的三个世纪，虽然基督宗教的兴起带来了对未来的希望，但仍然暴露了文化衰落的征兆。每一世纪都丧失一些东西。我们阅读当时的史籍时，心中总是出现一个阴影，担心野蛮时代再度来临。当时也有一些思想行为都很高超的伟大人物，但他们仅能做到暂时抑止普遍衰弱的趋势。到了6世纪，意大利可以说是落到最低潮。但那个世纪中的每一行动都在为新欧洲文化的蓬勃奠定基础。查士丁尼（Justinian）统治下的拜占庭帝国（Byzantine Empire）从三方面决定了西欧中世纪初期的背景的性质。首先，它的军队在贝利萨留斯（Belisarius）与纳尔西斯（Narses）的领导下驱逐了统治意大利的哥特人（Gothic）。经过这样一次清除工作，才使古代的意大利天才可以创立许多组织，以便保护日后文化活动的理想。我们当然同情哥特人，但是教皇统治西欧一千年的意义，却远比我们从意大利体制完备的哥特王国中所能得到的益处大许多倍，这是毫无疑义的。

其次，罗马法典的制定树立了法治的观念，使欧洲往后几个世纪的社会思想都受其支配。法律固然是政府的工具，同时也是约束政府的条件。教会法典与国家的俗世法律对欧洲的发展影响极大，这都是查士丁尼时代的法学家的贡献。**他们在西方人的心目中树立了一个观念，即政府应当行法也应当守法：它本身应当显示出一种根据理性来调节的组织系统。** 6 世纪的意大利首先显现出这些观念是如何在与拜占庭帝国接触的过程中形成的。

第三，在非政治的艺术与学术领域中，君士坦丁堡（Constantinople）也为已得的成就树立了一个典范。一方面由于人们直接模仿这种典范，另一方面由于有些人仅仅因为知道有这样一种东西存在而产生间接启发，这两项因素使这种典范对西欧的文化不断产生刺激作用。拜占庭在中世纪初期思想中所起的作用正与埃及在希腊人早期思想中所起的作用相同。这两种思想中实际知识的分量可能刚好适合接受者的要求。他们所知道的刚好够他们了解一种可以达到的标准，而又不至于多到受传统刻板思想方式束缚的程度。因此在这两种情形之下，人们都能按照自己的意愿前进，而且颇具成效。谈到欧洲科学思想的兴起，任何人都不能不提到拜占庭文化在背景上所起的影响。6 世纪，拜占庭与西方的关系曾有一种危机，这危机可以和希腊文学在 15、16 世纪中对欧洲思想的影响对比来看。6 世纪的意大利出现两位为未来时代奠基的杰出人物，就是圣本笃（St. Benedict）与大格列高利（Gregory the Great）。提到他们，我们立即可以看出希腊曾经达到过的科学思想，又如何完全陷于衰败之中。那时科学的温度可以说是零度，但大格列高利与圣本笃的毕生努力对欧洲的重建颇有贡献，使这次重新建设起来的科学思想比古代更为卓越有效。希腊人过于偏重理论，对他们而言，科学只是哲学的衍生物。大格列高利与圣本笃都是重实际的人，重视平凡事物的意义。他们把这种重实际的精神和自己的宗教及文化活动相结合。尤其是由于圣本笃，当时的修道院才成为注重实际的农艺家、圣人、艺术家与学者的家园。多亏早期本笃会员有实际精神，科学与技术才能结合起来，学术也因而才与无情而客观的事实建立了联系。近代科学导源于希腊，同时也导源于罗马：它与实际世界保持密切联系，因而在思想上增加了动力，这一点就是得自罗马的。

但是修道院与自然界实际联系之影响，首先还是表现于艺术方面。中世纪后期自然主义之兴起，使科学发展所必需的最后一种成分也深入欧洲的人心。那就是对自然界的物体与事态本身发生了兴趣。某一地区天然的树叶曾被雕刻在一个偏僻地方的后期建筑上，其目的只在表示对那些常见物体所产生的兴趣。各种艺术所造成的整个气氛，反映出一种对周围事物的理解所产生的直接的喜悦。中世纪晚期装饰雕刻的艺匠以及乔托（Giotto）、乔叟（Chaucer）、华兹华斯（Wordsworth）、惠特曼（Walt Whitman）与新英格兰的现代诗人弗罗斯特（Robert Frost）等人在这方面彼此都很相近。可以直接见到的简单事实，一方面是引人注意的主题，但另一方面在科学思想中变成了"无情而客观的事实"（irreducible stubborn facts）。

彼时欧洲人的心理已经准备好了一次思想的新冒险。科学兴起过程中的许多偶然因素是毋须细谈的：诸如财富与闲暇的增加、大学的扩展、印刷术的发明、君士坦丁堡的陷落、哥白尼、达·伽马（Vasco da Gama）、哥伦布（Columbus）、望远镜等等。只要有适当的土壤、气候与种子，树林就可以生长。在后来的文艺复兴这一历史性的革命中，科学并没有把它的源流在它身上留下的烙印去掉。这一遗留下来的烙印主要成了一个以天真的信念为基础的反理性运动。科学所缺少的推理能力从数学方面借来了，这是希腊理性主义的遗迹，其根据为演绎法。因此科学否定了哲学，换句话说，科学从来不为自己的信念找根据，或解释自身的意义，并且对于休谟所提出的驳斥也完全置之不理。

当然，这个历史性革命是完全有理由的。当时需要这种革命，不仅仅是需要，而且在一个正常的发展过程中这是必不可少的。世界需要对无情而客观的事实作数个世纪的观察。一个人要同时做好几件事情是不容易的，但在中世纪的理性主义狂热之后人们却必须这么做。这是极为明智的反作用，但却不是维护理性的运动。

故意躲避走向知识之途的人，是难免于天谴的。克伦威尔（Oliver Cromwell）的呼声影响了几个世纪："同胞们，我以上帝的名义请求你们想想自己可能错了。"

科学的进展现在已经到了一个转折点。物理学的坚实基础被摧毁了；生理学第一次站起来成为一个能起作用的知识体系，而不再是一堆支离破碎的东西了。科学思想的旧基础已经无法为人所理解。时间、空间、物质、质料、以太、电、机械、机体、形态、结构、模式、功用等等都需要重新加以解释。如果不了解机械是什么而空谈机械论的解释，又有何意义呢？

实际情形是，近代科学在始创时，继承了亚里士多德派哲学中最薄弱一面的许多观念。就某些方面来说，这选择是很对的。它使 17 世纪的物理与化学知识能以一种完整的方式表达出来，这种完整性一直到现在还保存着。但生物学与心理学的进展，可能由于不加批判地采用许多片面真理而遇到了障碍。**如果科学不愿退化成一堆杂乱无章的个别假设，就必须借助于哲学，必须对自身的基础进行彻底的批判。**

在以下几次演讲中，我将追述欧洲思想在近三世纪以来所持宇宙观中某些特殊观念的成败。在一般情况下，观念总能支持两三个世代，也就是能支持六十到一百年的时间。也有些寿命较短的思想浪潮，只在主流的表面上昙花一现就消失了。因此我们将发现欧洲面貌的变革缓慢影响了往后的几个世纪。然而在整个历史时期中，某种固定的科学宇宙观却始终存在着，这种宇宙观事先假定有一种不以人的意志为转移而且不为人所知的物质存在，或是一种在外形的流变下充满空间的质料存在。这种质料本身并无知觉、价值或目的。它只是做它所做的事，它根据外界关系加给它的固定规则来行动，而那些关系并不是从它本身的性质产生出来的。我所谓的"科学唯物论"（scientific materialism）就是这种假设。但我也将对这一假设提出质疑，我认为它完全不适于我们现阶段的科学状况。但若加以适当解释，这种假设也还不错。如果我们脱离产生事物的全部环境，只限于讨论某些类型的事物，那么唯物论的假设就能完满地表达这些事物。但如果我们把感官运用得更细致一些，或因着要求理解思维的意义与一贯性，而超出了上述抽象结论的范围时，这种理论体系将立即瓦解。正由于这种理论体系的有效范围很窄，它只把注意力导向几类在当时的知识状况下需要加以观察的事实，因此便在方法论上获得极高的成就。

　　这种理论体系的成功，对于欧洲许多思潮是不利的。这次历史性革命是反理性主义的革命，因为经院学派的理性主义在接触到无法认知的事实时必须作明显的修正。但是笛卡儿（Descartes）与他的继承者在恢复哲学时却只根据表面意义接受那种科学宇宙观，而完全蒙上了这种色彩。他们的根本观念后来还是获得了成功，因而使科学家有理由拒绝把这些观念当成理性探讨的结果来加以修正。当时，任何哲学都不得不在某种方式之下全盘接受它们。同时，科学上的例证也在其他的思想领域产生影响。因此，这次历史性革命就被过分夸大了，以致把哲学在协调方法论的各种抽象结论方面可能起的作用都排斥了。**思维是抽象的，而理智对抽象思维的偏执运用却是它本身最大的缺陷。**这一缺陷在回到具体经验时也没有完全得到纠正。因为人们所要注意的具体经验只限于某种有限的范围。有两种方法可以澄清这些观念，一种是运用身体的感官作冷静的观察。但观察是有选择性的。因此，用观察法时，如果某种抽象方式能在很广的范围内获得成功，我们就很难超脱它。另一种方法是，把各种稳固建立在经验基础之上的抽象方式加以比较。这种比较法的形式，可以满足萨尔比所提到的意大利经院派神职人员的要求。他们要求运用理性。相信理性，就是相信事物的终极本质是聚集在一种没有任何武断情形的和谐状态中，也就是相信我们在事物后面所找到的将不仅是一堆武断的神秘物。对自然秩序的信念使科学得以成长，但这只是一种深刻信念中的一个特殊例子。这种信念不能以归纳的概括来证明，它源自我们直接观察自身的实际经验所显示之事物本质。这种信念与我们形影不离。体验这一信念就会发现以下几点：（1）我们作为自身而存在时，不仅是我们自身而已；（2）我们的经验虽然模糊而零碎，但却都说明了实在界最奥妙的深处；（3）事物的细节必须放在整个事物的系统中一起观察，才能见其本来面目；（4）这种事物系统包含逻辑理性的和谐与美感境界的和谐；（5）逻辑的和谐在宇宙中系作为一种无可变易的必然性而存在，审美的和谐则在宇宙中作为一种生动活泼的理想而存在，并把宇宙走向更细腻、更微妙的未来所经历的断裂过程熔接起来。

第二章 思想史中的"数学"因素
Mathematics as an Element in the History of Thought

从纯粹数学在近代的发展看来,这门科学可以说是人类精神最富原创性的产物。此外能够与它互争高低的只有音乐。我们暂且撇开一切席位之争,先来考察一下数学应占有这个地位的理由安在。数学的原创性,在于其中所展现的事物关系除非经由人类理性的作用,否则即含混不清。因此,除了现存数学知识所激发与导引的知觉以外,其他凡是可以直接得自感官知觉的观念,皆与当代数学家心中的观念遥不相应。

我们不妨运用想象,回溯到几千年以前,看看当时的人,甚至最伟大的贤哲的心智是如何单纯。某些抽象观念在我们看来一目了然,但他们却认为只能作大概的理解。就以数字为例,我们认为"五"这个数字可以应用到任何适当的一群实物上去,如五条鱼、五个小孩、五个苹果、五天等。因此,在考虑数字"五"与数字"三"的关系时,我们就想到两群东西,一群有五个个体,另一群有三个个体。我们绝不会去考虑组成两群的任何个别的实物,甚至也不会考虑其中的某一类实物。我们所考虑的只是两群之间的关系,完全与两群中任何个体的本质无关。这就是抽象作用的显著功效,人类一定是历经许多年代才能达到这一步。在漫长的时期中,一堆堆的鱼必须互相比出一个多少，一段段的日子也须比出一个久暂。那首先注意到七条鱼与七天之间的共同点的人，使思想史迈进了一大步。他是第一个具有纯数学观念的人；当时他一定还不可能预知有待发现的抽象数学观念之复杂性与微妙性，也一定料想不到这些观念会在往后的世世代代中产生广泛的吸引力。学术界有一个错误的传统，认为对数学的爱好是一种怪癖，每一时代只有少数的怪人才有这种怪癖。虽然如此，由于抽象思维在古代的社会里仅仅见之于数学，因此所得到的乐趣也是独一无二的。其次，数学知识对人类的生活、日常事务、传统思想以及整个的社会组织等等都将发生巨大影响，这一点更是完全出乎早期思想家的意料之外了。甚至一直到现在，对于思想史中的"数学"因素之真正地位，人们的理解也是摇摆不定的。我不愿意说，编著一部思想史而不深刻研究每一时代的数学观念，等于在《哈姆雷特》（Hamlet）一剧中去掉了哈姆雷特；这一说法或许言过其实。但这样做却一定等于把奥菲利亚（Ophelia）一角去掉了。这个比喻允为至当。奥菲利亚对整个剧情来说，是非常重要的，她非常迷人，同时还有一点疯狂。我们不妨认为数学的研究是人类精神之一种神圣的疯狂，是对纷繁迫促的世事之一种逃避。

想到数学，我们心中便出现一种专门探讨数、量、几何等等的科学，及至近代，它还包括更抽象的序数概念与纯逻辑关系的类似形式。数学的特点是：我们在其中可以完全摆脱特殊事例，甚至可以完全摆脱任何一类特殊的实物。因此，并没有数学真理仅能应用于鱼、石头或颜色的。只要你研究纯数学，你便处在完全而绝对的抽象领域里。以上所说的不外乎：理性坚定地相信，任何事物若具有能满足某一纯抽象条件的关系，则必然也具有能满足另一纯抽象条件的关系。

　　数学被认为是在完全抽象的领域里活动的科学，它超越了自身所研究的任何特殊事例。这种数学观并不明确，因此我们大可以相信，这种看法直到现在还不能为一般人所了解。举例而言，一般人在习惯上都认为数学的确定性就是我们对实际宇宙空间几何知识的确定性之理由。这一幻觉在过去曾激发许多哲学思维，在今日也能激发一些哲学思维。几何问题是个相当重要的检验范例。我所谓的几何条件，是指几套纯抽象的条件，可以成为许多群未定的实有之间的关系者。在我们对自然界的直接感觉中，可以观察到事物之间具有某些特殊的几何关系，这些关系所需之条件与上述纯抽象的条件若合符节，因此我便通称之为几何条件。但是我们这种观察还不够精确，因而无法清楚知道操纵自然界事物的真正条件究竟是什么。但我们只要把假设略作引申，就能使这些被观察到的条件符合某一套完全抽象的几何条件。如此一来，我们就对那些在抽象科学中原是单纯叙述的未定实有作出某种特殊的限定。在探讨几何关系的纯数学中，假使"任何"一群实有在其各单元之间所具有的"任何"关系，能够满足"这一套"抽象的几何条件，则必定也能满足另一些附加的抽象条件。但当我们讨论物理空间时，便会说某群被确实观察到的物理实有，在其各单元之间具有某些被确实观察到的关系，这些关系能满足上述那一套抽象的几何条件。因此我们可以下结论说，如果某些附加关系被认定能符合"任何"这类情形，则一定也能符合"这一特殊"情形。

　　数学的确定性基于它完全抽象的普遍性。但是我们并没有先天的确定性可以相信：实际世界中被观察到的实有，能成为我们普遍推理过程中的一个特殊事件。再就算术来看，纯数学中有一普遍的抽象真理，认为任何包含四十个实有的一群，皆可以分为包含二十个实有的两群。因此我们便有理由断定：如果某堆苹果包含四十个个体，则可以分成各含二十个个体的两堆。但是我们把四十个那一堆数错的可能是常有的，所以，实际上分的时候就可能有一堆多一个而另一堆少一个的情形出现了。

因此，当我们评判一种理论时，如果它的基础是把数学应用在特殊的实际事例上，我们便应完全牢记以下三种过程。首先我们必须仔细检查纯数学的推理，确信它没有漏洞，没有因偶然疏忽而产生的不合逻辑之处。任何数学家都有痛苦的经验与认识，就是在开始拟定一系列推理过程时，很容易发生一点点小错，结果失之毫厘，谬以千里。但是，当一种数学推论已经过检验，并由专家们考验一段时间之后，就不大可能发生偶然的错误了。其次，第二个过程是，确实弄清楚这个推论所假定的一切抽象条件是否可以成立；就是把数学推论借以进行的抽象前提确定一下。这个过程是相当困难的。以往曾经发生过很明显的疏忽，并且被许多伟大的数学家历代相沿地接受了。其中最大的危险就是疏忽，亦即不知不觉引入某些我们认为自然应予假定的条件，而事实上这些条件却不一定都能成立。此外，也有一种相反的疏忽，这种疏忽虽不致造成错误，但会使推理复杂化。就是必要的假设条件很容易被估计得多于实际的要求。换言之，我们可能认为某些抽象的假设是必要的，但实际上却可以从其他已有的假设得到证明。过多的抽象假设所带来的后果，就是使我们在数学推理中减少审美方面的乐趣，并且会给第三个评判过程造成更多的麻烦。

第三个评判过程是，检证我们的抽象假设在当前的特殊事例中是否可以成立。一切的麻烦都是在这个检证特殊的过程中产生的。在数四十个苹果这种简单的事例中，只要稍加留心就可以达到实际的确定性。但是一般说来，在较复杂的事例上就不可能达到完全的确定性。有关这个问题的著作早已卷帙浩繁了，它也是对立的哲学家交锋的战场。其中涉及两个不同的问题。一方面是我们已经观察到某些确定的事物，然后必须弄清楚这些事物之间的关系果真遵循某些固定而精确的抽象条件。这里发生错误的可能性就很大了。一切精确的科学观察法都只是一些措施，为了减少这些关于直接事实的错误。但是，现在又出现另一个问题，那就是：被直接观察到的事物几乎永远只是例子，而我们需要的结论却是：某些抽象条件如果在例证中能够成立，那么在其他一切由于某种理由而被视为同一类型的实有中，也都能够成立。这种由例证推及全体的推理过程，就是归纳法。**归纳法的理论是哲学所无法处理的，但是我们的一切行为又都以它为基础。**总之，当我们评判一件特殊实际事物的数学结论时，真正的困难在于找出其中涉及的抽象假设，并对它能否适用于当前的特殊事例的证据加以评估。

因此我们经常看到，在评判一部深具造诣的应用数学书籍或一篇研究论文时，一切的麻烦都在第一章，甚至就在第一页上。因为正是在这个开宗明义的地方，作者的假设很可能产生失误。并且，麻烦还不在于作者说了些什么，而在于他没有说的是什么；不在于他明确定下的假设，而在于他不知不觉中所作的假设。我们并不怀疑作者的诚实，我们所批判的是他自作聪明之处。每一代的人都批判上一代所作的无意识的假设；他们也可能同意这些假设，但是却要把它们从无意识的阶段揭示出来。

语言发展史可以说明这个问题。它是一种观念分析的演进史。拉丁文与希腊文都是有字尾变化的语言，就是说：它们表达一个未加分析的观念时，只要把字尾变格就行了。但是以英文来说，我们就须借前置词和助动词才能表明整个意义。把辅助的意义硬塞进主要的词句中，虽然未必对所有文学体裁都方便，但是对某些体裁却可能是一种方便。不过就表达之明白来看，英文这种语言是杰出而优越的。明白程度的加强，就是把语句含义中的复杂观念所牵涉的各种抽象概念更完全地表达出来。

拿语言的情形作比较，就可以看出纯数学所达到的思想功能是什么。那是走向完全分析的有效步骤，其目的在把单纯的事物与这些事物所体现的抽象条件分开来。

这种分析的习惯启发了人类心智的每一种功能。首先孤立地来看，它强调以感性直接体察经验的内容。这种直接体察是要理解"经验"本身就其固有的特质（包括现有的实际价值在内）来看，究竟是什么。这是直接经验的问题，有赖于精微的感觉。其次是把有关的特殊实有抽象化的问题，亦即把这些实有与它们被认知时所处的特殊经验状况分开来，以便理解它们本身。最后，还要进一步理解这些经验中的实有之间的特殊关系所能满足的绝对普遍条件。这些条件之所以具有普遍性，是因为它们单靠本身就可以表示出来，而毋须涉及某种特殊经验中所发生的某些特殊关系或特殊状态，这些条件可以适用于有关其他实有与其他相互关系的无数事态。因此这些条件是完全普遍的，因为它们不涉及任何特殊事态、或在不同事态下存在的任何特殊实有（如绿、红、树等），也不涉及这些实有之间的关系。

然而，数学的普遍性也有一个界限，这个界限对所有的普

遍叙述都能适用。任何关系疏远的事态（remote occasion）若
与直接的事态（immediate occasion）无关，因而不能形成该直
接事态的要素中的一个构成分的话，那么对这种事态我们仅能
提出一种叙述。我所谓的直接事态就是把其中的个人判断活动
当成一个构成分的事态。而唯一能提出的叙述则是：若任何事
物处于关系之外，则对它将一无所知。这里"一无所知"是指
"完全不知道"；因此不论是要"付诸实践"或在任何情况下，
关于如何看待它或处理它的问题都无法提出意见。我们要想知
道关系疏远的事态中的某些事物，就必须透过一种认识，这种
认识本身就是直接事态的构成分；否则我们便一无所知。因此，
在各种经验下显示出来的全体宇宙，其中的一切细节都与直接
事态具有一定的关系。数学的普遍性是最完整的普遍性，它与
构成我们的形而上学世界的各种事态都能相符合。

此外还应注意，特殊的实有在进入任何事态时都须具有这
些普遍条件；但许多不同类型的特殊实有也许会要求同一组普
遍条件。"普遍条件超越于任何一套特殊实有之上"，这就是
"变数"这个概念进入数学与数理逻辑的根据。由于运用"变
数"概念，考察普遍条件时才可以不要任何特殊实有来说明。
特殊实有的这种不相关性并未被一般人所理解：例如实际经验
中的圆性、球状性、立体性等形态的性质在几何推理中并不
存在。

运用逻辑推理时所涉及的完全是这种绝对普遍的条件。广
而言之，发现数学就是发现这些普遍而抽象的条件之全体；它
们都可以同样应用于一切实有在任何实际状况下所发生的关系，
而且彼此之间以一定的模式相互联系，其中还有一个开启全局
的钥匙。普遍抽象条件之间所存在的这种关系模式，无差别地

存在于一切外界实有中，同时也普遍存在于我们对外界实有所作的抽象表达上。这种情形是由于以下的普遍必然性所形成的：即每一事物都正好是它自身，并且以它自身特有的方式与其他事物互相区别。这就是抽象逻辑的必然性，也是每一直接经验的事态所显示的交互关系的存在之前提。

开启关系模式的钥匙系指以下事实：普遍条件中被选定的某一套条件在某一事态下体现后，如果该套条件的无限变种的模式要想体现在同一事态下，则可以纯粹运用抽象逻辑来推演。而任何被选定的条件就称为一套假设或前提，推理就是由此开始的。如果把这一套选定的假设中的模式表达出来，就是推理的过程了。

那预见了假设中所含的完整模式之逻辑推理的和谐，是最普遍的审美性质，这种性质源自一个事态的统一体所包含的协同存在这一事实。只要有事态的统一体存在，该事态所涉及的普遍条件之间便存在着一种审美的关系。这种审美的关系是在运用理性的时候发现的。所有属于这一关系之内的东西都在该事态中体现出来。所有不属于这一关系之内的东西便不可能在该事态中出现。因此，像这样体现出来的普遍条件之完整模式，便可以由任何一套选出的条件来决定。这类锁钥性的各套假设是由相等的假设组成的。**"存在"的这种理性和谐，是一个复杂事态的统一体所需要的，这种和谐再加上该事态的逻辑和谐所涉及的一切完整体现，就是形而上学理论的主要课题。**这就是说，事物在一起存在时都是有理性地在一起存在的。也就是说，思想可以认识每一事实的事态，因此只要理解了锁钥性条件，条件模式的全部复杂情况就被开启了。总而言之，我们若知道了任一事态中各种要素的某些完全普遍的性质，就能知道同一事态下必然会出现的无数其他同样普遍的概念。一种事态的统一性所涉及的逻辑和谐既是排他的又是包罗广泛的，该事态必须排斥一切非和谐之物，而包含一切和谐之物。

毕达哥拉斯（Pythagoras）是第一位掌握这个普遍原则的全部意义的人。他活在公元前 6 世纪，我们对他的认识只有断简残篇。但是，我们却知道某些特点使他成为思想史上的伟大人物。他坚持推理中终极普遍性的重要意义，并且看出数字在帮助人们陈述自然秩序所涉及的条件时的重要意义。我们还知道他研究过几何，发现了直角三角形著名定理的普遍证法。他建立了毕达哥拉斯兄弟会，关于该会的仪式和影响还有许多神秘的传说；这些都提供了证据，说明毕达哥拉斯的认识无论怎样模糊，但总是看出了数学在科学构成中可能具有的意义。在哲学方面他创始了一种讨论，这讨论往后一直在激荡着思想家的心灵。他问道："数学中的实有像'数'之类的东西，在事物领域中究竟占有什么地位？"例如"2"这个数目就是处在时间之流与空间的必然位置以外的东西，然而它却是实际世界所涉及的。同样的理由也适用于圆形之类的几何概念。据说毕氏曾经认为数学的实有如"数"与"形状"等是最后的质料，我们感官经验中的实有都是由这种质料组成的。依此大略说来，这种观念似乎非常粗糙，而且也不高明。但是他却谈到了一个相当重要的哲学概念，这个概念具有悠久的历史，曾经激荡过人们的心灵，甚至深入基督宗教的神学中。亚他那修信经（Athanasian Creed）与毕氏相距约一千年之久，黑格尔（Hegel）则与毕氏相隔了两千四百年左右；不论时间距离有多长，有限数在"神性"构成中的意义，以及现实世界是观念发展的体现等等说法，都可以追溯到毕达哥拉斯所创始的一系列思想中去。

个别思想家的地位有时要靠机遇，就是要看他的观念在后继者心中的命运如何而定。在这方面，毕达哥拉斯是很幸运的。他的哲学思想透过柏拉图的智慧传授给我们。柏拉图的"理念世界"就是修正并提炼毕达哥拉斯的学说而成的；这一学说认为现实世界的基础是数。希腊时代表示"数"时，用的是不同形式的点，因此数的观念与几何图形的观念便不像我们现在这样离得很远。无疑的，毕达哥拉斯把形状的性质也包括到他的学说里了，那是不纯粹的数学实有。如今，爱因斯坦与他的后继者都主张"重力"这一类物理事实可以说是"时—空"性质中局部特征的表现；他们这种学说便是在追随着纯粹的毕达哥拉斯传统。从某种意义来说，柏拉图与毕达哥拉斯，要比亚里士多德更接近近代的自然科学。前两位都是数学家，而亚里士多德则是医生的儿子；当然，我不是因此就说他不懂数学。从毕达哥拉斯所能得到的实际见解就是：首先度量，然后用数字决定的量来表示质。但是从那时起直到现在，生物学主要属于分类的科学。因此亚里士多德在他的《逻辑学》（*Logic*）中把重点放在分类上。由于这部《逻辑学》的盛行，竟在整个中世纪一直阻碍着自然科学的进展。如果中世纪的经院学者采用度量，而不专搞分类的话，他们将会学到多少东西啊！

分类是直接观察的实际事物与完全抽象的数学观念之间的中途站。生物分类中的"种"所关注的只是种的特性，"类"所关注的只是类的特性。但是当我们透过计数、度量、几何关系与秩序形态等，把数学观念与自然界的事实联系起来时，理性的思维就离开了那种牵涉一定的种与类之不完整的抽象层次，而进入了完整的数学抽象层次了。分类是必须的，但是除非你能从分类走向数学，否则你的推理便不会有多大进展。

从毕达哥拉斯到柏拉图那一段时期，与属于近代世界的 17
世纪这一段时期之间，相隔差不多有两千年之久。在这漫长的
期间，数学获得长足进展。几何在圆锥截面与三角的研究方面
取得成功，穷尽法也几乎预见了微积分的研究；最重要的还是
亚洲思想家所提供的阿拉伯数字与代数。但这些进展都是技术
方面的；在这漫长的期间，数学作为哲学发展的构成要素，从
未自亚里士多德的掌握中解脱出来。但是，从毕达哥拉斯与柏
拉图那个时代传下来的一些老观念却也一直不绝如缕，这些观
念从柏拉图学说对基督宗教初期神学的影响中也可以看出端倪。
但是哲学并没有从不断发展的数学科学中得到任何新的灵感。
及至 17 世纪亚里士多德的影响降到最低潮，数学才恢复了往日
的重要地位。**17 世纪是一个伟大物理学家与伟大哲学家的时
代，而物理学家与哲学家又都是数学家。**只有洛克（Locke）
算是例外，虽然他也曾深受皇家学会中牛顿这一派人物的影响。
在伽利略、笛卡儿、斯宾诺莎、牛顿与莱布尼茨的时代里，数
学对哲学观念的形成发生了极大影响。但此时脱颖而出的数学
却与早期的数学大不相同。它开始了几乎难以令人相信的近代
事业，它在普遍性上获得进展，推演出一套又一套精微奥妙的
理论。并且每增加一分复杂性，就愈找到了应用于自然科学或
哲学思维的新途径。阿拉伯数字在处理数目方面，几乎为科学
提供了完全的技术效能。如此从琐碎的算术细节（像公元前
1600 年埃及的算术所表现的）挣脱出来以后，便使希腊晚期数
学所模糊预见的前途得到发展的余地。此时，代数登上了舞台，
代数成为算术的普遍理论。正如数学观念超脱了任何一套特殊
实有的约束一样，代数也超脱了任何特殊数字的观念。例如数
字"5"可以毫无差别地表示任何包含 5 个实物的群，同样，代

数中的字母也可以毫无差别地用来表示任何数字，只要事先规定在同一用法中每一字母始终代表同一数字。

这种用法首先见诸方程式中，方程式是提出复杂的算术问题的方法。在此，代表数字的字母称为"未知数"。但方程式随即提出一个新观念，即一个或多个普遍符号的函数，这些符号就是代表任何数字的字母。在这种用法中，代数字母称为函数的"自变数"，有时也称为"变量"。举例言之，若以某种单位来测量一个角，并将所得的数字用一个代数字母来代表，那么三角便被涵括到这种新的代数中了。因此，代数就发展成为一门普遍的分析科学，研究许多未定自变数的各种函数的性质。最后，各种特殊的函数，如"三角函数"、"对数函数"与"代数函数"等都综合为"任何函数"（any function）这个观念。太广泛的综合是毫无结果的，只有用一种巧妙的特殊性来限制广泛的综合，才能使它成为有效果的概念。例如任何"连续"函数的观念，都须引入"连续性界限"，才能使它成为有效果的观念，并且已经获得许多极重要的应用。当时兴起的代数分析，正好与笛卡儿发现解析几何以及牛顿与莱布尼茨发现微积分同时。的确，毕达哥拉斯若预先看到了他所始创的思想的结果，一定会认为他的兄弟会与会里所热衷的神秘仪式是完全有埋由的。

我现在要说明的是：在数学的抽象领域中左右大局的函数观念，反映在自然秩序中便是以数学表达出来的自然规律。若是没有数学的这种进步，就不可能有 17 世纪的科学发展。数学为科学对自然的观察提供了自由想象的背景。伽利略、笛卡儿、惠更斯与牛顿等人都创造了许多公式。

如果要以一个特殊的例子来说明数学的抽象发展对当时科

学的影响，那么可以看看"周期性"这一概念。在我们的日常经验中，事物普遍都有明显的重复现象。日复一日、月圆月缺、一年四季、星辰运转、心跳、呼吸等等都重复出现。我们在各方面都看到重复的现象发生。没有重复现象就不可能产生知识，因为没有任何事物能根据以往的经验推断出来。同时，没有某些规律性的重复现象，也不可能进行度量。当我们在经验中获得"精确"这一观念时，重复现象正是其基础。

在 16、17 世纪时，周期性理论在科学中占有主要地位。开普勒发现了一条定律，可以把各种行星轨道的长轴，与各行星循着自身轨道环行的周期联系起来；伽利略观察了钟摆的振动周期；牛顿认为声音是由疏密相间的周期性波动通过空气时发生的扰动所形成的；惠更斯认为光线是精微的以太的横振动波所形成的；梅森（Mersenne）则把提琴弦的振动周期与它的密度、张力与长度联系起来。近代物理学的诞生，有赖于周期性的抽象概念在许多实例上的应用。但是，若非数学家首先以抽象方式把环绕着周期性概念的各种抽象观念全部推演出来的话，这是不可能达成的目标。三角学刚兴起时，是研究直角三角形两锐角与勾股弦的比率之间的关系。接着，在数学中新发现的函数分析的影响下，又扩大成为研究体现这种比率的纯粹抽象的周期函数了。如此，三角完全成为抽象的研究了，但正由于成为抽象研究，它才有用处。它说明了各种完全不同的物理学现象中所潜存的相似关系；同时也提供了武器，使任何一套物理学现象都可以把自身的各种性状加以分析，然后相互联系起来。

最清楚的事实是：**数学愈向更极端的抽象思维的高超领域上升，则当它回到人间对具体事物的分析就愈加重要。**17 世纪的科学史，有如柏拉图与毕达哥拉斯的生动的梦境。从这方面看来，17世纪只是后继者的开路先锋而已。

最高的抽象思维是控制我们对具体事物的思想之真正武器，这一似非而是的说法现在已获得完全的肯定。由于数学家在17世纪盛极一时，18世纪的思想也带有数学性，尤其在法国的影响占优势的地方更是如此。只有在英国洛克所启导的经验主义算是例外。在法国以外的地区，牛顿对哲学的直接影响反而见诸康德，而非休谟。

19世纪时，数学的普遍影响减弱了。文学上的浪漫主义运动与哲学上的唯心主义运动都不是从数学家开始的。甚至在科学领域里的地质学、动物学与各种生物科学的发展都与数学完全无关。这一世纪在科学上最惊人的成就是达尔文的进化论（或进化论）。就当时的一般思想状况来说，数学退居到幕后去了。但这并不是说数学被忽视了，甚至也不能说它毫无影响力了。19世纪纯数学的进步，几乎等于毕达哥拉斯以来所有各世纪的总和。当然，由于技术日趋完善，进步亦较为容易。即使如此，数学从1800到1900这一百年中的变化仍然相当可观。如果我们再往前推一百年，就这两个世纪来看，我们大致可以认为数学是在17世纪的最后二十五年间奠定基础的。从毕达哥拉斯起直到笛卡儿、牛顿、莱布尼茨的时代，是发现数学基本要素的时期，但发展成熟的科学则是在最近二百五十年才出现的。这并不是夸耀近代天才的高超；因为发现基本要素确实比发展科学困难得多。

在整个19世纪中，数学的影响在于动力学与物理学，然后推及工程与化学，数学透过这些科学对人生的影响之大是难以估计的。但是，它对当时的一般思想却没有直接影响。

以上简述了数学在全部欧洲历史中的影响，我们由之看出数学曾在两个伟大时代对一般思想发生直接的影响，这两个时代各自延续了大约二百年。第一个时代从毕达哥拉斯到柏拉图，那时创立数学的可能性与数学的一般性质，首度在希腊思想家心中萌芽了。第二个时代包括近代的 17、18 两个世纪。这两个时代具有某些共同的特点。在前后两个时代中，与人类有关的许多领域里的普遍思想范畴都瓦解了。在毕达哥拉斯时代，一般人不知不觉中接受的异教文化具有美妙的仪式与魔术的法事作为传统的外衣，那时异教文化在两方面的影响下进入了一个新阶段。一方面有许多宗教热忱的浪潮，在为奥妙的事物寻求直接的启示；但在另一极端却产生一种批判的分析思想，以冷静的头脑探究事物的终极意义。这两种影响的结果虽然南辕北辙，但却有一个共同因素，就是唤醒了一股好奇心和一股重建传统方式的运动。这种异教的神秘效果，可以比之于后一时代清教徒与天主教徒的反对作用。这两个时代中批判的科学思想，除了实际扮演的角色略有区别外，其他方面都是相同的。

这两个时代的早期都是充满蓬勃朝气与繁荣前景的。在这一点上，它们与公元 2、3 世纪基督教征服罗马帝国的那种衰落时代不同。**唯有在幸运的时代里，一方面能摆脱环境的压迫，另一方面又具有强烈的好奇心，然后"时代精神"才能重新评价那些隐藏在实际概念后面的终极抽象观念；一个时代的严肃思维就是从上述实际概念出发的。**唯有在极其难逢的时代才能完成这一大业，从而使数学与哲学发生关系。因为数学是人类心智所能达到的最完全的抽象境界。

我们也不能过分强调这两个时代的相似之处。近代世界比古代地中海沿岸的世界更大、更复杂，甚至比起遣送哥伦布与开辟美洲的清教徒渡过大西洋的欧洲也是如此。我们这个时代已经无法用一种盛行一时然后又搁置上千年的简单公式来解释了。因此从卢梭以来，数学思维的暂时沉寂似乎已近尾声了。我们已经进入一个重建宗教、科学与政治思想的时代。这样的时代如果不愿单纯地在两极之间盲目摇摆的话，就必须探寻终极的最深真理。但除非有一种哲学充分说明这种终极的抽象思维，且以数学来说明各思维之间的关系，否则这种深奥的真理是无法洞察的。

为了确切说明数学在现代的普遍重要性正在如何增长，我们不妨从科学上某一令人迷惑的事实出发，看看我们在试图解决其中的困难时，必然会被引导到何种观念去。目前物理学正在量子论上感到为难。如果有读者不清楚这一理论的话，我在此暂不多作解说。我要指出的是，这理论中最有希望的解释是先假定电子不是连续地渡过其空间中的途径。另一个不同的看法则认为：电子存在的方式是透过一系列期间所组成的时间去占据一段空间，而且在这段空间中只在一系列不连续的位置上出现。就好像一部平均时速三十英里的汽车不连续地通过这条道路，而只依次在一系列的里程碑上出现，并在每块里程碑上停留两分钟。

首先，我们须将数学作纯技术的应用，看看这概念是否真能解释量子论中许多令人迷惑难解的性质。如果这观念能经得起这种考验，则物理学无疑是会采用它的。总而言之，这问题纯粹是要在数学与物理科学之间，根据数学的计算与物理的观察来加以解决的。

现在，哲学家面临着一个问题。我们若认定电子在空间中具有一种不连续的存在，这和我们通常假定物质显然具有的连续存在是很不相同的。电子似乎把一般所谓西藏红教喇嘛的功夫借来了。现在一般人认为这种电子加上相应的质子，就构成了日常经验中的物体的基本实有。因此，如果前述对电子的解释被采用的话，我们对于物质存在的终极性质的一切观念都必须重新修订了。因为当我们深入这种终极实有时，空间存在之令人惊讶的不连续性就显示出来了。

解释这个表面上的矛盾并不困难，只要我们同意把目前在声与光两种现象上一般所接受的原则，应用到表面稳定而不分化的物质持续状态上去就行了。一个持续发音的音符被解释为空气振动的结果，一种稳定的色彩被解释为以太振动的结果。若以同样原则来解释物质的稳定持续状态，我们就会了解：每一种原始要素都是潜能或潜在活动所产生的振动波。如果我们所说的是指物理学上的能，那么每一种基本要素便都成为一种有组织的振动能流系统。并且每一种基本要素都具有一个明确的周期，能流系统将从一个静止的极限摆到另一静止的极限。若以海潮为例，能流系统便将从一个高潮摆到另一高潮。这种组成基本要素的系统，在某瞬间看来是恍若无物的。它需要本身的整个周期才能显示出来。同理，一个音符在任何瞬间也不成其为音符，而需要它本身的整个周期才能显示出来。

因此，若问原始要素何在，我们就须取它在每一周期的中央平均位置。我们若把时间分成更小的单位，则作为单个电子实有的振动系统是不存在的。像这样的一个振动的实有在空间所经过的途径（振动组成实有的地方），必须说成是空间一系列分离的位置，就像汽车出现在一系列里程碑上，而不出现在两碑之间一样。

首先我们要问，有无证据可以把量子论与振动说联系起来。这问题可以立即作肯定答复。整个的量子论都是环绕着原子的辐射能来研究的，并且与辐射波系统的周期有密切关系。因此，振动存在的假设最有希望解释轨道不连续这一矛盾。

其次，我们若采用上述假设，认为物质的原始要素是本质上具有振动性的，那么哲学家与物理学家又将遇到一个新问题。上述假设的意思是说：除了周期性的系统以外，并无所谓的要素存在。面对此一假设，我们要再问：组成振动机构的成分又是什么？我们已经抛弃了不分化的持续状态的物质。除非你在形而上学上强作要求，否则抛弃了这种物质之后，并没有理由必须提出另一种更精微的质料来代替它。现在这方面已经敞开了大门，可以引进一种新的机体论来取代唯物论了——自 17 世纪以来，哲学就让科学把这种唯物论像马鞍一样套在身上。在此必须记住：物理学家所谓的能显然只是一种抽象概念。有形的事实是机体，它必然是实在事件的性质之完整表现。假使把这种科学的唯物论替换下来，思想的每一领域一定都会受声重大的影响。

最后，我们的结论必然是：我们终究又回到老毕达哥拉斯理论的一个说法上了。数学与数学物理乃是他所始创的。他发现了研究抽象概念的重要性，尤其是使人们注意到数字能说明音乐中音符的周期性这一事实。因此，周期性这一抽象概念的意义，在数学与欧洲哲学的草创时期就已经正式存在了。

17 世纪时，近代科学的诞生需要一种新数学，具有更完备的方法以分析振动存在的性质。在 20 世纪的今天，我们又看到物理学家大多从事原子周期的分析。诚然，毕达哥拉斯在建立欧洲哲学与欧洲数学时，就使它们无比幸运地获得关于周期的推测——或许这是神性天才的闪现，洞察到事物最深奥的本性中去了？

第三章 天才的世纪
The Century of Genius

前面两讲旨在介绍 17 世纪科学的发芽滋长所需要的土壤之先决条件。我们已经追述了思想的各种因素,与出自本能的信念所经历的种种过程,说明了它们在古代文明的初次开花,经过中世纪的辗转演变,直到 16 世纪的历史性革命为止的种种情形。其中引人注目的主要因素有三:一是数学的兴起,二是对于无微不至的自然秩序之出自本能的信念,三是中世纪后期思想中过度的理性主义。这种理性主义系指一种信念,认为发现真理的途径主要须透过对事物本质作形而上学分析,借着这种分析才能决定事物如何活动与产生作用。而 16 世纪的历史性革命却断然放弃这种方法,转而研究前因与后果的经验事实。在宗教中这革命表现为回溯基督教义之本源,在科学上则表现为求教于实验与归纳法推理。

若将欧洲各民族在今天以前的二百二十五年中的思维活动①,作一简短而恰当的叙述,就会发现他们一直是靠着 17 世纪的天才在观念方面为他们累积的财富而活动的。那个时代的人继承了 16 世纪历史性革命所引发的观念酵素,又把涉及人生各方面的现成思想体系传给后代。**17 世纪这个时期始**

---

① 这一系列演讲成于 1925 年。

终一贯地为人生活动的各种领域提供了智性上的天才，足以与时代之伟大相互辉映。在文学方面也可以看出这个世纪英才辈出的盛况。当世纪之初，培根的《论学术之进展》（*Advancement of Learning*）与塞万提斯（Cervantes）的《唐·吉诃德》（*Don Quixote*）同于 1605 年问世，这似乎显示 17 世纪要以一种承先启后的姿态出现。刚好在此前一年，《哈姆雷特》发行了第一个四开本版，到这一年又发行了一个略加修订的版本。最后，莎士比亚（Shakespeare）与塞万提斯同时于 1616 年 4 月 23 日去世。就在同年春天，一般认为哈维（Harvey）在伦敦医学院首度发表了血液循环的理论。而牛顿出生的那一年（1642年），伽利略正好去世，同时又正好是哥白尼《天体运行论》（*De Revolutionibus*）发表的一百周年。在此前一年，笛卡儿出版了《形而上学沉思》（*Meditationes*）两年后又出版了《哲学原理》（*Principia Philosophiae*）。总之，这个世纪的时间不够，以致无法将天才人物的重大事件从容展布开来。

目前我无法详细申述这个时代的每一思想发展阶段的经纬。这个题目作一次演讲是太大了，并且会模糊我原先想阐明的观念。我们只须略微一提当时曾经发表世界性重要著作的人名就够了，如：弗朗西斯·培根、哈维、开普勒、伽利略、笛卡儿、帕斯卡尔、惠更斯、波义耳（Boyle）、牛顿、洛克、斯宾诺莎、莱布尼茨等。这份名单只列到"12"这个神圣的数字为止，实在少得不足以恰当代表当时的情形。例如，其中只有一位意大利人，而意大利却可以从自己的国人中列出十二位来。同时，生物学家只提到哈维，而英国在这方面的人才多得很。这种挂一漏万的遗憾，部分要归因于演讲者是英国人，而听众也和他一样承认这是一个英国人的世纪。若由荷兰人来讲，就会感到

荷兰人不胜枚举；由意大利人来讲，就会感到意大利人不胜枚
举；由法国人来讲，就会感到法国人不胜枚举了。只有德国例
外，因为不幸的三十年战争正使他们陷入困境。除此之外，其
他各国都推崇这个世纪为天才的极盛世纪。但正如伏尔泰后来
对法国人强调的一样，这个世纪可以肯定地说是一个英国思想
的伟大世纪。

除了哈维之外没有提出其他生理学家的理由，也须稍作解
释。生物学在这个世纪当然也有长足的进展，那些进展主要是
由意大利人，尤其是帕多瓦（Padua）大学所创造的。但是我
的目的是要追述哲学从科学方面借来且被科学家预先假定的观
点；然后还要评价这种观点对每个时代的总体情况之影响。这
个时代的科学哲学是由物理学领导的；所以从一般观念来说，
在这个时代和往后的两个世纪中，科学哲学便显然成为物理学
知识状况的说明了。事实上，这些概念原与生物学格格不入，
但是却把物质、生命、机体等无法解决的问题交给生物学，成
为当时生物学家努力研究的对象。有关生命机体的科学到今天
才刚刚发展到足以在哲学中留下它的概念的程度。在过去半个
世纪中，我们看到生物学观念要对 17 世纪的唯物论留下印象而
没有成功。无论当时的成就应如何估计，17 世纪的基本观念确
是源自产生伽利略、惠更斯、牛顿的这一派思想，而不是源自
帕多瓦大学的生理学家。这个世纪所引发的一个未解决的思想
问题，可以陈述如下：在物理学定理所规定的物质形态与空间
的运动中，应如何解释生物机体。

讨论这个时代，最好以弗朗西斯·培根的《自然史》
（*Natural History*）（即《林中之林》）第四章的开头一段话作
为引言。当年他的家庭牧师罗利（Rawley）博士曾有回忆录说，

他这本书是在死前五年内写的，因此，必定是写在 1620 到 1626 年之间。这一段话如下：

> 　　肯定说来，无论任何物体，虽然它可能没有感觉（sense），但是一定有知觉（perception）；因为当一物体加于另一物体时，它会选择合意的部分相接纳，而排斥不合意的部分；不论这物体是改变他物的或者被他物改变的，在行动之前总有一种知觉存在，否则一切物体都要混同为一了。有时这种知觉在某些物体中远较感觉更为精微；感觉与它相形之下是十分鲁钝的：我们只要看看温度计就能测出气候中最微细的冷热差别，这是单凭我们自己无法察觉的。这种知觉的发生有时虽隔一段距离，但其反应却有如直接触及；磁石吸铁或巴比伦的石油火焰，都是隔着一段极大距离发生的。因此，这是一种很高贵的探究（对更精微的知觉的探究）所研讨的目标；知觉是开启自然界的另一钥匙，与感觉并驾齐驱，有时甚且过之。此外这还是观察自然界的主要方法，因为知觉中之物出现较早，而效果中之物则在很久之后才产生。

　　这一段话中有趣之处不少，其中有些论点的重要性在以后几次演讲将会予以说明。首先应注意的是，培根把"知觉或相互的感应"与"感官或认识的经验"仔细加以区别。在这方面，培根并不属于他那一世纪日后左右大局的物理思维的潮流。后来人们认为物质是被动的，完全受着外力的作用。当时，正在形成的唯物论概念虽然足敷物理学之需，但是我认为培根的思想路线却表达了一个更基本的真理。17 世纪的天才，在我们的文献资料中根深蒂固地种下了唯物观点，使我们完全习惯于这种观察事物的方式，以致我们要再认识一种新的理解自然问题的方式时，竟会困难重重了。

以前段引文为例，其中所含的段落与句子全都充满了实验的方法，亦即充满了对"无情而客观的事实"的注意，以及阐明普遍规律的归纳法。17世纪留给我们的另一个未解决的问题是归纳法的理性根据。首先清楚地认识到经院学派的演绎法与近代归纳观察法之间的对立性的人，主要应推培根；当然，伽利略与当时所有的科学家也隐约看到了这一点。但是培根确有先见之明，并且对于彼时正在进行的知识革命的全部意义也有最直接的领会。培根与整个近代观点的先驱可能是比培根几乎正好早一世纪的艺术家达•芬奇（Leonardo Da Vinci）。达•芬奇也阐明了我在上次演讲中所提出的理论，即写实主义艺术的兴起是形成我们科学思想的一个重要因素。的确，达•芬奇比起培根是一个更全面的科学家。写实主义的做法，比法律界中的做法更近于物理、化学、生物学中的做法。培根的同代人，血液循环的发现者哈维有一句话是大家熟知的，他说："培根以大法官的作风写科学著作。"**但在近代初期，培根与达•芬奇可谓联手阐明了构成近代世界的各种思潮，亦即守法的心态与写实派艺术家耐心观察的习惯。**

我前引培根的那段话中并未明显提及归纳推理法。但是培根在他的著作中，着重说明的主要论点，就在于实行这种方法的重要意义，以及由此而发现的自然界秘密对人类福祉的重要性。这一点是毋须多作引证说明的。归纳法要比培根所预见的更为复杂。他的信念是认为只要在搜集例证时尽量仔细，普遍的规律就会自然呈现。现在我们知道，这种说法对于导致科学结论的过程极不充分，这一点哈维当时可能也看出了。但是即使如此，培根依然是构成近代世界思想的伟大奠基者之一。

到了18世纪时，归纳法所带来的特殊困难由于休谟的批判而暴露出来。但是培根却是前一次历史性革命的先知之一，那次革命抛弃了清一色的理性主义方法，冲向另一极端，把一切能得出结果的知识都建筑在根据过去的特殊事例，去推断未来的特殊事例这种方法上。我并不怀疑归纳法的正确性，只要它运用得法。我要说明的是：除非我们满足于把归纳法建筑在一种模糊的本能信念上、视之为理所当然的，否则就必须事先进行一番复杂的工作，就是以理性来说明直接出现在我们认识中的当前事态的普遍性质。当前事态若不能对过去与未来提供一些知识，我们的记忆与归纳就难免陷于怀疑主义之中。科学或日常生活中的归纳过程的关键，就在于正确理解当前事态的全部实际情况，这一点是值得一再强调的。由于我们理解了这种事态在具体情况下的性质，所以生理学与心理学在近代的发展才具有决定性的意义。这一点在往后的演讲中还会谈到。如果我们以一种单纯的抽象状态来取代这种具体事态，只考虑事物在时空中的形态流变，则将发现自己处在一种无法解决的困难之中。显然，这种对象只能告诉我们：它们的状况就是现在所具有的状况。

因此，我们必须回溯意大利中古主义者所说的那种经院神学的方法，有关这点我在第一讲中已经提过。我们必须观察直接事态，并以理性对其本质作普遍的叙述。归纳法事先假定了一种形而上学。换言之，它是基于一种事先成立的理性主义。引证历史是无法得到理性根据的，除非形而上学已经证明有一种历史可以引证。同理，对未来的猜测也应事先假定某种知识基础，亦即事先认定有一个遵循某些决定因素的未来存在。困难在于了解这两种观念的意义；若是不了解它们的意义，归纳法只是空话。

以下将谈到，我不认为归纳法在本质上是由普遍规律引申而来的。它应是由过去某种特殊事例的性质，来推论未来某种特殊事例的性质的方法。但是适用于一切可认识的事态的普遍规律，却是一个比这种方法更为广泛的假定，它对这种有限的知识来说是一种很不妥当的扩大。我们只能要求当前事态去决定某一种特殊事态群，这一群事态由于包括在同一群之内而在某些方面相互影响。在自然科学中，这一群事态可以说是在共同的"时—空"中彼此配合的一套事件；因此我们可以追溯从某一事态到另一事态的转变过程。而我们所涉及的便是知识的直接事态中所出现的那个共同的"时—空"。归纳推理是从特殊事态进向特殊事态群，再由特殊事态群进向同群中各特殊事态之间的关系。在我们尚未考虑其他科学概念以前，归纳法的讨论还不可能超出上述初步的结论。

前引培根著作中第三点值得注意的是：这叙述完全是关于"质"的。在这方面培根完全失去了 17 世纪的科学成就所具有的风格。当时的科学主要仍是"量"的研究。先找出现象中可度量的成分，然后再求出这些物性度量之间的关系。培根忽视了科学上的这条规则。例如在上段引文中他谈到隔着距离的作用；他是就"质"的观点着想，而不是就"量"的角度。我们不能要求他预先达成他的更年轻的同辈人伽利略的见解，或者要求他达成他很久以后的继承者牛顿的见解。但是他毕竟未曾提及应该研究"量"的问题。也许他是被亚里士多德系统的流行逻辑理论所迷惑，那些理论在应当告诉物理学家"量度"

（measure）的时候却告诉他们"分类"（classify）。

到了 17 世纪末期，物理学才建筑在令人满意的量度基础上。最后的恰当阐释是由牛顿提出的。"质量"（mass）的共同可量成分，足以说明各种含量不同的物体的性质。物体的质料、形状、大小，表面看来相同时，质量也极其相近：三项条件相同的程度越大，质量相等的程度也越大。作用于一物体上的力，不论是接触或是隔着距离，（实际上）被视为等于物体的质量乘以该物体由该力所产生的速度变率。这样一来，力就由它对物体运动所起的效果上看出来了。现在的问题是：这种力的大小概念是否能引导我们发现一种有关量的简单法则，可以用各种质料的形态或它们的物理性质的条件来决定力。牛顿的这一概念在整个近代时期中，经历这次测验而获得辉煌的胜利。它的第一个成就是万有引力定律，而成就的最高峰则是天体力学、工程学与物理学的全盘发展。

三大运动定律与万有引力定律的构成，是值得特别注意的。这一思想的全部发展过程，刚好历经两代人物。起于**伽利略**，终于牛顿的《自然哲学的数学原理》；**牛顿**出生的年代，伽利略正好逝世。**笛卡儿与惠更斯有生之年正好在前后这两人之间。这四人通力合作所获的成就，可以理直气壮地视为人类知识史上最伟大的史无前例的贡献。**要估量它的大小，就须看到它的范围的全面性。它为我们提出一个物质宇宙的全貌，并使我们能计算至每一特殊的最微小细节。伽利略跨出了第一步，找到正确的思维道路。他发现值得注意的决定点不是物体的运动，而是物体运动的改变。这一发现由牛顿在他的第一运动定律中表达如下："任何物体若未受到改变其状态的外力作用，则继续保持其静止状态或等速直线运动状态。"

这个公式否定了一个两千年来阻碍物理学进步的信念。同时，它也谈到科学理论中一个必备的基本概念，即一个观念上的独立系统。这个新概念体现了事物的一种基本性质；假使没有这概念，则科学、甚至人类有限理智的一切知识皆无法成立。这一"独立"系统并非一种唯我主义的系统，以为万物无法离我独存。这种独立系统是在宇宙范围之内独立存在的。亦即，有关这系统的许多真理，只要通过一致的系统关系图式去参照其余的事物，便可以成立了。因此，独立系统的概念并不是在实质上独立于其余事物之外的系统，而是在属性上与宇宙其他细部事物没有依存关系的系统。并且，所谓没有属性上的依存关系，也是对这一独立系统的某些抽象特性而言，而不是对这一系统的全部具体情况而言。

第一运动定律提出的问题是：一个在动力方面独立的系统就其全部运动看来，如果不管它的方向与各部分之间的内在关系，我们所能说的是什么？亚里士多德说，必须认为这样一个系统是静止的。伽利略补充说，静止状态只是一种特殊状态，普遍的说法应该是：物体不处在静止状态便处在等速直线运动中。因此，一个亚里士多德派的学者会认为，运动是外物的作用引起的，在量上可以由该外物所保持的速度来衡量，而方向亦由该速度的方向所决定。但是，伽利略派的学者则把注意力放在加速度的大小及其方向上。这其间的差别对照开普勒与牛顿就可以看出。他们两人都观察了把行星支持在自己轨道上的"力"。开普勒所发现的是推动行星的切向力，而牛顿所寻找的则是转变行星运动方向的径向力。

如果从吾人经验中的明显事实看来，与其讨论亚里士多德所犯的错误，还不如强调他所提出的理由更为有益。我们在日常经验中所见的一切运动，除非显然有外力支持，否则即刻停止。因此，一个正常的经验主义者便必然会专门注意运动的持续问题。于此，我们明见一个缺乏想象力的经验主义所发生的危机。17世纪时又出现了这类危机的另一例子，牛顿也和世界上其他人一样陷入其中。早先惠更斯已经提出光的波动说，但是这一理论无法解释我们日常经验中在光方面所见的最明显事实，即一个突起物体所投射的影子是由直射光线决定的。于是，牛顿抛弃此说而改采微粒说，终于完全解决了投影的问题。自那时起，这两派说法消长互见，各擅胜场。当前的科学界正在设法结合两者。这例子说明：如果因为某种观点无法解释被考察的对象的某一极明显事实而拒不采用它，那也是危险的。如果你注意自己一生中所出现的思想上的新事物，便会发觉几乎每一新观念在刚产生的时候都会有一些愚蠢的地方。

我们现在再回到运动定律上。我们看到17世纪并没有为不同意亚里士多德观点的伽利略派人物提供任何理由。这是一个重要的事实。我在这一系列演讲中谈到现代时，将使我们看到相对论对这问题提供的全面说明，只不过是重新整理我们对时间与空间的整个概念而已。

直到牛顿出来，才使人认识到"质量"是物体本性固有的物理量。质量在运动发生变化时始终不变。但是质量在化学变化时也保持不变这一事实，则要等到一个世纪以后才由拉瓦锡（Lavoisier）证明。牛顿的第二步工作是以物体的质量与加速度来说明外力的大小。在这方面他的运气极佳。因为从数学家的观点看来，加速度与质量的乘积是最简单的定律，而事实也证明它成功了。现代的相对论又修订了这个极其简单的理论，但是幸好当时并不知道今天物理学家所进行的精密实验，而且也不可能做出来；这样，世人才有两个世纪的时间来消化牛顿的运动定律，这是完全必要的。

看到上述成功之后，我们还会奇怪科学家何以要把他们的终极原理置于唯物论的基础而抛弃了哲学吗？我们若能确切理解这一基础及其最终困难，则能理解思想的进展过程。**当你批判一个时代的哲学时，主要的注意力不应放在当时的代表人物公开加以辩护的论点上。在一个时代中，各种不同理论体系的信徒可能同时不自觉地采取某些基本假定，这些假定看来十分明显，以致人们甚至不知道他们假设的是什么，因为他们从未想到其他处理事物的方式。**在这些假定下，可能产生有限的几种哲学体系，而这一群体系就构成了当时的哲学。

近代的自然哲学在根柢上，就有一个蕴涵在某一概念中的假定。这一概念表现出自然最具体的一面。爱奥尼亚学派的哲学家问道：自然是由什么构成的？这个问题的答案不外乎质料、物质或材料之类的名称——其实采用何种名称并无关系——重要的是指明它在时间与空间中有一简单的位置；用现代观念来说，便是在"时—空"中有一简单的位置。**我所谓的物质或质料，就是具有"简单定位"（Simple location）这一特性的一切东西。**而所谓简单定位，就是质料的一个主要特性与许多次要特性，就前者而言，质料与时间空间具有相同关系，就后者而言，质料与时空的关系就各有不同了。

时间空间的共同特性是：质料在空间中可以说"在此（地）"，在时间中也可以说"在此（时）"，在"时—空"中同样可以说"在此"，其意义完全确定，毋须参照"时—空"中其他区域来作解释。奇怪的是，这种简单定位的性质，不论我们将"时—空"区域用绝对方式或相对方式来决定都能适用。如果区域只是表示质料与其他实有所发生的一套关系的方式，则我们所谓简单定位的性质，就说明质料与其他实有具有某种位置关系，其情形毋须参照同一群实有的类似关系所构成的其他区域就可以说明。事实上不论以何种方式，只要"时—空"中的确定位置一经决定，那么只需说某物体刚好在某个位置就可以充分说明它与"时—空"之间的关系；如果只就简单定位而言，实不须再多费言词了。

但是还有一些次要的解释要说明，这些解释可以导引前述的许多次要性质。首先，就时间而言，若质料在某段时间中存在过，则它在这段时间的任何一部分中必定存在过。换言之，分割时间并没有分割质料。其次，就空间而言，分割体积就分割了质料。因此，假使质料在某一体积中存，则该体积的任何一半所包含的质料必然比原体积少。正是由于这一特性，我们才产生出空间中某一点的密度的观念。一般人谈到密度时，把时间空间混同起来的程度，都不会像现代某些极端相对论鲁莽希求的那样深。因为就质料来说，时间函数的分割与空间的分割是截然不同的。

此外，时间的分割与质料无关这一事实，已使人们得出结论：时间是质料的偶然性而非其本质。质料在时间的分段中完全是它本身，不论分段多短都一样。因此，时间的过渡与质料的性质无关。质料无论在哪一瞬间都是它本身。时间的瞬间是没有过渡的瞬间本身，因为时间的过渡就是瞬间的连续。

因此，关于爱奥尼亚思想家所提出的"世界是由什么构成的？"这一古老问题，17 世纪的答复是：世界是物质瞬间位形（configurations，兼指位置形状）的连续；如果把"以太"之类比一般物质（matter）更精微的材料包括在内的话，也可以说世界是"质料"(material)瞬间位形的连续。

科学对于基本自然元素的看法以这种假定为满足，这是不足为奇的。像万有引力之类巨大的自然力量，是完全以质量的位形来决定的。因此，位形便可以决定它本身的变化，而科学界的思想也跟着完全封闭了。这就是著名的自然机械论（对自然的机械看法），自从 17 世纪以来一直居于统治地位。这是物理学的正统信条，这些信条经过实用的考验找到了根据，说明它可以行得通，于是物理学家对于哲学不再感到兴趣了。他们强调历史性革命中的反理性主义。但是，这种唯物机械论的缺点不久就暴露无遗了。18 与 19 世纪的思想史中有一桩主导的事实，就是当时的世人掌握了一个普遍的观念，没有它便活不下去，但有了它也活不下去。

质料瞬间位形的简单定位作为具体自然界的基本事实，以及它与时间的关系，这两点都是柏格森（Bergson）所反对的。他认为这是由于理智上将事物空间化而把自然歪曲了。我同意柏格森的反对意见，但是我却不同意说如果从理智上来理解自然，这种歪曲就一定是一个缺点。在往后几次演讲中我会设法说明，这种空间化是把具体的事实在非常抽象的逻辑结构下表现出来。这其中有一个错误，但只是"把抽象误认为具体"的偶然错误而已。这就是我所谓**"具体性误置的谬误"**（Fallacy of Misplaced Concreteness）之一实例。这种谬误在哲学中引起很大的混乱。由以上所举的例子虽可看出犯此谬误的极普遍趋势，但理智却不必一定陷入这个错误中。

很显然，简单定位的概念对归纳法而言，将产生极大的困难。因为物质位形在任何一段时间中的位置，若与过去未来的任何其他时间都没有关系，则我们可以立即推论：任何时期中的自然界都与其他时期中的自然界没有关系。如此，归纳法所根据的便不是那通过观察可以确定为自然界固有的事物。而我们对任何定律，如万有引力定律等的信念，便都不能在自然界中找到根据。换句话说，自然的秩序不能单凭对自然的观察来决定。因为当前的事物中并没有固定的东西可以联贯到过去和未来。因此，记忆和归纳法在自然界本身似乎无法找到根据了。

以上所说的把尚未谈到的思想预先说了，并且一直在重复休谟的论调。这一系列思想在谈到简单定位的说法时紧接着出现了，我不能等到谈 18 世纪时再谈它。奇怪的是，世人果真要等到休谟才看出其中的困难。而当休谟崭露头角时，受到重视的也仅仅是他哲学中谈论宗教的部分，由此可见，当时科学界一般人士的反理性主义思潮。这是因为神职人员在原则上是理性主义者，而科学界人物则纯粹相信自然的秩序。休谟本人就曾挖苦说："我们神圣的宗教是以信仰为基础的。"这种态度可以使皇家学会满意，但却不能让教会满意。这种态度也曾使休谟与后世的经验主义者感到满意。

思想方面还有另一个假设，也可以和简单定位的假设相提并论，就是实体与属性这两个相联的范畴。但是两者之间却有些不同。一方面，关于空间地位的恰当叙述已有多种不同理论，但不论空间的地位如何，各种实有与空间的联系（一般认为这种联系就在空间之中）是一种简单定位。换句话说，一般人都默认空间是简单定位存在的场所。任何存在于空间之物皆必然存在于空间的某一确定部分。至于实体与属性的问题，17 世纪主要的思想家虽然根据他们的禀赋立即提出一个可以满足当时需要的说法，但是他们对这问题始终感到困惑。

当然，实体与属性以及简单定位等，对于人类都是最自然的观念。这就是我们思索事物的方式。没有这些思维方式，我们日常生活中的观念就无法安排了。这一点毫无疑问。唯一的问题是：当我们以这些概念去观察自然界时，我们的思想究竟具体到什么程度？依我之见，我们只是在为自己提出实际事物的简化状态。当我们检视这些简化状态的基本要素时，就会发现它们只有作为高度抽象的与精心推论的逻辑结构才能存在。当然，从个人心理来看，我们只要粗略地把看来无关紧要的细节抛开不管，就能得到这些观念。但是，当我们试图为这种抛开细节的做法找寻根据时，就会发现这样虽然留下了一些实有，正好与我们所讨论的实有相符，但它们都是高度抽象的。

我认为实体与属性是"具体性误置的谬误"之另一例证。我们且先考虑实体与属性的概念是怎样产生的。我们观察一个对象时，把它当作一个具有某些特性的实有。并且每一个别的实有也是透过其属性来理解的。例如当我们观察一个物体时，其中有些性质如硬、蓝、圆、闹声等被我们注意到了。我们看到某物具有这些性质，除此之外一无所得。因此，实有是始基或实体，而属性是在实有的基础上推断出来的。属性中有一些是基本的，实有缺少了它们即不再是实有本身；其他的属性则是偶有的与可变的。17世纪末期，洛克认为物体具有可以用数量表示的质量，并在空间中占有某一简单定位，这两点都是基本属性。当然，位置是可以移动的，而质量的不变性除了少数极端分子以外，一般都认为是一个经验事实。

说到这里都还没有问题。但是当我们谈到蓝色、闹声等属性时，就会面临不同的情况。首先，物体并不永远是蓝的或永远会发出响声。这一点我们在偶有属性的理论中已经预料到了。这一理论我们目前也可以认为是恰当的。其次，在17世纪时显露了一个真正的困难。伟大的物理学家在拟定光与声的传播理论时，都是以他们对自然的唯物观点为依据的。关于"光"，有两种假说：一说认为光是通过物质性的以太振动波而传播的；而根据牛顿的另一说法则认为有某种极微妙的质料组成了小得难以置信的微粒，光就是通过这种微粒的运动而传播的。我们都知道，惠更斯的波动说在 19 世纪一直占着优势，而今日的物理学家则试图结合这两种理论，以解释辐射方面所遇到的某些模糊情况。但无论你选择哪一说，外在的自然界中都没有光与色存在，有的只是质料的运动。同时，当光线进入你的眼睛落在网膜上时，也只是质料的运动，接着你的神经和大脑都受到影响，但这仍然只是质料的运动。这种理论对声音也能适用，只要把以太波换上空气波，把眼睛换上耳朵就行了。

　　接着我们要问：在什么意义下能说蓝色与闹声是物体的性质呢？基于同样的理由，我们也可以问：香味在什么意义下能说是玫瑰花的性质呢？

　　伽利略思索了这个问题之后，立刻指出：离开眼睛、耳朵或鼻子，就没有所谓色、声、香了。笛卡儿与洛克都推演出一套关于第一属性与第二属性的理论。例如笛卡儿在《形而上学沉思》第六篇中说："诚然，当我感觉到各种色、声、香、味、热度、硬度等等时，我很有把握地认为各种作为感觉来源的物体中，有某几类与这些感觉相对应的东西存在，虽然在实际上也许与这些感觉并不相像……"

　　他在《哲学原理》一书中又说："我们通过感官对外物所能知道的，不外乎形状（状态）、大小与运动。"

　　洛克在著述时是能够理解牛顿动力学的，因而他把质量列为物体的第一属性。简言之，他是根据 17 世纪末期的物理科学状态而提出第一属性与第二属性的理论。第一属性是实体的基本属性，其"时—空"关系组成了自然界，而这些关系的秩序性就组成了自然秩序。自然界的事件以某种方式被生物体上的心灵所感知。在根本上，心灵的感知（apprehension）是相互关联的人体中某些部分产生的事件——如大脑中的事件——所引发的。但是心灵在感知时也经验了许多感觉（sensations），这些感觉如实而言，只是心灵本身的性质。它们由心灵投射出去，包围在外在自然界的适当物体上。于是物体便被认为具有某种性质，其实那种性质并不属于它们本身，而纯粹是心灵的产物。因此，自然所产生的功效其实是属于我们自己的：如玫瑰花的香气、夜莺的歌声、太阳的光芒等都是如此。**诗人们一错百错，他们的抒情诗不应对着自然，而应对着自己写；他们应当把这些诗变成对人类卓越心灵的自我歌颂。**自然界是枯燥乏味的，既没有声音，也没有香气或颜色，而只有质料在毫无意义地、永远不停地匆匆流转。

不论外貌如何变化，17 世纪典型的科学哲学最后达到的实际成果，就是上述说法。

首先我们必须注意到上述说法作为一个概念系统而言，在科学研究的组织上所起的惊人作用。在这方面，它完全无愧于当时的天才人物。自那时代起，它就一直指导着科学研究，到今天还是占着统治地位，世界上每一所大学都是根据它组织起来的，探究科学真理的其他组织系统未曾出现过。它不但居于统治地位，而且根本找不到对手。

然而，这说法着实令人无法置信。这种宇宙概念必然是通过高度抽象的概念构成的，只有当我们把自己的抽象概念误认为具体实在时，才会产生这种谬误。

谈到这一世纪的科学进步，不论如何广泛的描述都不能省略数学方面的进展。这方面与其他许多方面一样，正是当时天才大显身手的场所。几何学现代时期的开创者是三位法国人：笛卡儿、笛沙格（Desargues）与帕斯卡尔（Pascal）。另一位法国人费马（Fermat）则奠定了现代分析数学的基础，只是没有使微积分的程度达到圆满的境地。出生在上述诸人之间的牛顿与莱布尼茨把微积分作为一种实际的数学推理法创造出来了。到那个世纪末期，数学作为应用到物理问题上的工具来说，已经颇能达到现代这种纯熟的地步了。除了几何以外，现代纯数学都还在萌芽阶段；19 世纪的惊人发展当时还看不出任何迹象。但由于数学物理学家的出现，带来了一种思维方式，将统治下一世纪的科学界。那将是一个"数学分析得胜"的时代。

17 世纪终于产生一种科学思想体系，这是数学家为自己使用而拟定出来的。数学家的最大特色是：他们具有处理抽象概念并从这概念中演绎出一系列清晰的推理论证的才能。只要那些抽象概念是你所要探讨的，你就能满意于那些论证。**科学抽象概念的巨大成就，一方面提出了物质与物质在时间空间中的简单定位，另一方面提出了那能感觉、感受和推理，但不干涉外界的心灵。**这样就不知不觉地迫使哲学承认它们是事实的最具体说明。

在这种情形下，近代哲学就游荡失据了。它以极其复杂的方式在以下三极之间摇摆：一种是二元论，认为物质与心灵具有同等地位；另外两种都是一元论，一派把心灵置于物质内，另一派则把物质置于心灵内。但是这样玩弄抽象概念，并不能克服 17 世纪科学体系中"具体性误置"所引起的内在混乱。

第四章　18 世纪
The Eighteenth Century

　　如果我们对照比较各时代的学术风气，就会发现欧洲 18 世纪的情形与中世纪正好相反。这种对照象征化地表现在沙特尔（Chartres）教堂以及达朗贝尔（D'Alembert）与伏尔泰（Voltaire）在巴黎会谈的沙龙这两地的差别上。中世纪的人总是想把"无限"理性化；18 世纪的人则把现代社会生活理性化，并援引自然界事实作为社会学理论的基础。前一时期是信仰的时期，以理性为基础。后一时期的人则不打草惊蛇，他们把理性建筑在信仰上。试举二例说明。圣安瑟伦（St. Anselm）如果无法找出令人信服的理由以证明上帝存在，就会感到怏怏不乐；他的信仰大厦就是以这个理由为基础而建立的。而休谟的《论自然宗教史》（*Dissertation on the Natural History of Religion*）则建立在对自然秩序的信念上。在比较这两个时代时，应当记住理性可能犯错，信念也可能误置。

　　我在前一讲中，曾追述自 17 世纪以来一直统治思想界的科学观念系统在 17 世纪的发展情形。其中包含了一种根本的二元性：一边是物质，另一边是心灵。这两者之间又有生命、机体、功用、瞬间实在、交互作用、自然秩序等概念，这些概念综合起来就构成了整个系统的致命弱点。

　　我也曾提出自己的看法，认为我们若要对自然界事物的具体性质作更彻底的表达，那么在这一理论体系中首先应予批判的是**"简单定位"概念**。由于这概念将在以下各讲中占重要地位，我愿在此重复我对这概念所赋予之意义。我们若说一个物质微粒有"简单定位"，意即在表达它的"时—空"关系时，只要说它的位置就在它本身所在之处，在一确定有限的空间区域与一确定有限的时间延续中，而完全不必涉及该物质微粒与其他空间区域及时间延续的关系。并且，这种简单定位的概念，与绝对论者及相对论者对时间、空间的争论毫无关系。任何有关时间、空间的理论，只要能对某一确定空间区域及时间延续的意义加以说明，不论其观点为绝对或相对，那么简单定位的概念都有完全确定的意义。**这一概念是 17 世纪自然观体系的基础。少了它，这一体系就无法表达。**我将说明：在我们直接经验对自然界所感知的主要因素中，没有任何一种具有简单定位的性质。这并不是说 17 世纪的科学都错了。我认为透过建设性的抽象过程，可以获得某些具有简单定位的物质微粒的抽象概念，以及另一些包含在科学思想体系中心灵的抽象概念。因此，真正的错误是我们以前所谓"具体性误置的谬误"之一例。

把注意力局限在确定的抽象概念群上，有一个好处是：思想可以集中在界限与关系都极清楚明确的事物上。因此，如果你有逻辑头脑，就可以对这些抽象实有之间的关系演绎出各种结论。同时，假如抽象实有的基础很好，亦即提取时未曾脱离经验中一切重要事物的话，那么局限在这些抽象概念范围内的科学思想，便能得出许多有关我们对自然界的经验的重要真理。我们都知道，那些敏锐清晰的思想家被包围在抽象概念的硬壳中无法动弹。他们直接抓住你的个性，把你硬塞进他们的抽象概念里。

但是，把注意力仅仅集中在一群概念上，不论这些概念的基础如何稳当，由于这种作法的性质所限，总会有个漏洞：那就是你把别的东西提取掉了。如果被提取掉的东西在你的经验中是重要的，你的思想方式便不适于处理它们了。没有抽象概念就无法思想；因此最重要的是，要经常以批判态度检查你的抽象方式。正是在这一点上，哲学对社会的健全发展极为重要，这就是抽象概念的批判。**文明如果不能超脱流行的抽象概念，便会在极其有限的进步之后陷于瘫痪。一个活跃的哲学派别对于概念的进展是十分重要的，就像一个活跃的铁路工程学派对于燃料的运转是十分重要的。**

表现一个时代的主要活动之一套抽象概念获得惊人成就时，哲学的功绩往往会被完全忽略。18世纪的情形正是如此。当时的哲人（Les philosophes）* 根本不是哲学家。他们是一批头脑清晰、思想敏锐的天才，他们用17世纪的科学抽象概念来分析广漠无涯的宇宙。在当时人极感兴趣的那一类观念中，他们获得了压倒性的胜利。凡属不合他们那套体系的东西都一概置之不理、加以嘲笑或不予信任。他们憎恨哥特式的建筑，象征了他们对模糊不清的背景（dim perspectives）是不表同情的。那是理性的世纪，是健康、豪迈、纯正的理性占统治地位的世纪；但那种理性却是独眼的理性，视野缺乏深度。我们对于那个时代的人是不胜感激的。千余年来，欧洲一直是不能容人又令人无法容忍的空想家的逐鹿场。18世纪的普遍意识，对触目惊心的社会苦难的理解，以及人类天性的明显要求，都使世界像受到一次道德的清洗。伏尔泰的功劳是不可抹煞的；他痛恨

---

* 主要系指法国启蒙时代的哲人。

不义、残暴、无情的镇压与骗人的把戏，同时他又能洞察这种种恶行。在这些极高尚的美德上，他是该世纪光明一面的典型人物。**但是，人若不能光靠面包生活，就更不能光靠消毒剂过日子。**这个时代是有其限度的；但是当时的某些重要论点（尤其在几个科学派别中）直到今天还是被热情地捍卫着——除非我们充分估计了当时的成就，否则这种热情是无法理解的。17世纪的概念体系在当时逐渐被证明是完善的研究工具。

这种唯物论的胜利，主要见于理性派的动力学、物理学与化学中。就动力学与物理学来看，进展的形式是前一世纪主要观念的直接发展。完全新颖的东西尚未产生，但是细节方面的发展则是巨大的。特殊情形被揭示出来：似乎是天国通过一套预定计划而开门了。在这个世纪下半叶，拉瓦锡实际上已把化学奠定在现代的基础上。他确定了物质在任何化学变化中不生不灭的原则。这是唯物论思想的最后一次胜利，这理论到现在还没有完全证明出可以有不同说法。当时的化学科学只是在等待着下一世纪的原子理论。

在这个世纪中，对自然过程的机械论解释的观念，终于僵化为科学上的独断论。这一观念之所以盛行不衰，是由于许多数学物理学家获得　系列令人惊羡的胜利，尤以 1787 年拉格朗日（Lagrange）所发表的《分析力学》（*Méchanique Analytique*）为其顶峰。牛顿的《自然哲学的数学原理》发表于 1687 年，这两部伟大的著作正好相距一百年。这一世纪包含了近代数学物理的第一个时期。到 1873 年，麦克斯韦（Clerk Maxwell）发表《电与磁》（*Electricity and Magnetism*），代表了第二个时期的结果。这三本书都在思想上打开了新局面，使得往后的每一事物皆受其影响。

我们若回顾人类曾作系统研究的领域时，便不可能不深深感到各个领域的人才分布并不平均。几乎每一题材都有一些杰出人物。要产生一个题材能在思想领域中成为独立的题目，是需要天才的。但就许多题目来说，当一个良好的开端与直接事态取得密切关联时，往后的发展就成了一系列软弱无力的挣扎；整个题材便因而逐渐在思想发展的道路上失所凭依。但是，数学物理却完全不同。我们愈是对它进行研究，愈是被它所显示的令人难以置信的知性成就所震惊。18世纪与19世纪初叶的伟大物理学家可以说明这一点，他们大部分是法国人，如莫佩尔蒂（Maupertuis）、克莱罗（Clairaut）、达朗贝尔（D'Alembert）、拉格朗日、拉普拉斯（Laplace）、傅立叶（Fourier）、卡诺（Carnot）等这一系列名字，个个令人想起某些世界第一流的成就。后来浪漫主义时代的代言人卡莱尔（Carlyle）讽刺地称这个时代为"数学分析胜利的时代"，并嘲笑莫佩尔蒂为"戴着白色假发的一本正经的伪君子"。这种说法只代表狭隘的浪漫主义者的观点。

要在短时间里，不用专门术语就把这一学派的细节说清楚，是不可能的。但是，我要设法说明莫佩尔蒂与拉格朗日两人共同达到的成就的要点。他们所得到的成果，加上19世纪初叶高斯（Gauss）与黎曼（Riemann）这两位伟大的德国数学家所得出的数学方法，正好为日后赫兹（Herz）与爱因斯坦两人推广到数学物理中的新概念，作了必要的准备。同时，他们也为前面提及的麦克斯韦的著作提供了宝贵的观念。

他们的目标，是要发现一些比上一讲所说的牛顿运动定律更普遍、更基本的定律。他们要寻找某些更广泛的观念，例如拉格朗日想找到更普遍的数学表示法。这是一个雄心万丈的事业，而他们毕竟完全成功了。莫佩尔蒂是18世纪前半叶的人，拉格朗日则活跃于18世纪后半叶。在莫佩尔蒂的著作中，还可以看出前一时期的神学色彩。他的出发点是：一个物质微粒在任何一段时间中所经历的全部路程，必然达成某种无愧于上帝旨意的完美状态。这个总原则有两点值得注意：第一，它证明了我在第一讲中所主张三个论点之一，即相信自然秩序存在的信念产生于中世纪教会在欧洲人心中留下的印象——这印象认为具有理性和人性的上帝对一切作了无微不至的安排。第二，我们现在虽然了解这种思想方式对于细部的科学探讨并无直接用处，但是，莫佩尔蒂在这特殊事例的成就，却说明只要有任何观念能把你推出流行的抽象概念范围，就是聊胜于无了。在目前这一例子中，有关的观念对莫佩尔蒂而言，是引导他探讨牛顿的运动定律对运动的整个路程，究竟能推演出何种普遍性质。不论他的神学信念是什么，这无疑是个值得重视的步骤。并且，他的普遍概念也使他认识到：被发现的性质是一种"量"方面的总和，只要稍微偏离这个路程就会增加其总和。在这一假定之下，他便把牛顿第一运动定律普遍化了。因为每一分离的微粒，都是以均速取最短的路程运动的。因此，莫佩尔蒂就推测一微粒经过一力场时，就一定会体现某一量的最小可能量。他发现了这个量，并称之为有关各时间极限之间的积分作用（integral action）。以现代术语来说，这就是一微粒在各前后相继的瞬间中的功能与位能的差别，经历一连串小段时间后的总和。因此，这一作用就与运动所引起的能及位置所引起的能之间的交换有关。莫佩尔蒂发现了"最小作用量"（least action）这一著名定理。但是他比起拉格朗日还算不上是第一流人物。他的原则在他自己及他的直接后学手中并没有产生主导作用。拉格朗日在一更宽广的基础上提出同一问题，使得它的答案与动力学发展的实际过程产生联系。他的"虚功原理"（Principle of Virtual Work）应用到运动系统上时，其实就是莫佩尔蒂的原则应用到该系统的每一瞬间路程的情形。但是，拉格朗日比莫佩尔蒂看得更远。他理解到他掌握了一种叙述动力学真理的方式，可以完全不涉及那确定该系统各部分的位置时所用的特殊度量法。因此，他继续推演出许多运动的方程式——不论作出任何数量上的度量，只要能满足固定位置的要求，便都能应用这些方程式。这些方程式十分完美，其简洁的程度几乎出神入化；古代人认为某些神秘符号可以直接说明万物根源的至高理性，拉格朗日的方程式几乎足以媲美那些神秘符号。稍后，发现电磁波的赫兹有一个观念，认为每一微粒在约制它的运动的条件下，穿过它所能通过的最短路程；他的力学就建立在这一观念上。最后爱因斯坦出来，利用高斯和黎曼的几何理论，证明这种条件可以解释为"时—空"固有的特性。以上便是动力学从伽利略到爱因斯坦这一段过程的最简要说明。

这时期还出现了伽伐尼（Galvani）与伏特（Volta），在电磁方面有所发现。同时生物科学也逐步积累了一些材料，正在等待着主导观念。心理学亦开始摆脱对一般哲学的依赖。先是洛克批判形而上学不着边际的理论，因而创始了心理学，最后才形成心理学的独立发展。凡是有关生命的科学都还在初步观察的阶段，仍以分类与直接叙述为主要方法。在这种情况下，原先的抽象概念体系还能应付当时的需要。

在实际事务方面，这时期也不能说是失败，它产生了一些开明的统治者，如哈布斯堡家族的约瑟夫皇帝、腓特烈大帝、沃波尔（Walpole）、查塔姆勋爵（the Great Lord Chatham）、华盛顿（George Washington）等等。尤其在这些统治者之外，英国又创立了议会内阁制政府，美国创立了联邦总统制政府，法国大革命则提出了人道主义原则。在技术方面产生了蒸汽机，因而开展了文明的新世纪。作为一个注重实际的时代，18世纪无疑是一个成功的世纪。如果你请教正好看到这个世纪开始的最聪明、最典型的前辈洛克，听听他对这个世纪的期望，我想他所希望的几乎很难超过实际的成就。

在评述18世纪的科学体系时，我必须先说明为何不谈19世纪唯心论的主要理由。我是指哲学上的唯心论，这种学说认为：实在界的终极意义在于完全属于认识范围的心灵。这一向所发展的唯心论与科学的观点相距太远。它生吞活剥地接受科学体系，视之为自然界事物的唯一解释，同时又说自然是终极心灵中的一个观念。在绝对唯心论者看来，自然界只是许多观念中的一个观念，它以某种方式分化了绝对观念的统一。在主张单子心灵的多元唯心论看来，这个世界就是各种不同观念的共体——这些观念将各种单子中的各种心灵单位分化开来。但是无论如何，这些唯心论学派都显然未能把自然界事物有机地与他们的唯心论哲学联系起来。就我这一系列演讲所要讨论的问题看来，最后的观点不是唯实论的就是唯心论的。依我之见，目前还需要一个暂时的唯实论时期，使科学体系得以重新组织，并建立在机体（Organism）的终极概念上。

大体说来，我的步骤首先是分析时间与空间的地位，以现代术语来说，就是分析"时—空"的地位。这两者各有两种特性。事物被空间隔开，也被时间隔开；但是它们又在空间中一起存在，也在时间中一起存在——即使它们不发生在同一时候亦然。我将称这两种特性为"时—空"的"分离性"（the separative）与"摄受性"（the prehensive）。此外，"时—空"还有第三种特性。空间中任何东西都有某种界限，因此在某一意义上说，它具有本身的形态而不具有其他的形态；它处在某一地方而不处在另一地方。时间的情形亦复如此，事物在某段时间中持续而不在另一时间中持续。我称此为"时—空"的"样态性"（the modal）。很明显地，样态性本身引起了简单定位的观念，但这必须与分离及摄受这两种特性连起来看。

为了思路简洁起见，我先讨论空间，然后再以同样的方式讨论时间。

体积是空间最具体的因素。但是空间的分离性却把体积分析为次体积，并且无限制地分下去。因此，单独来看分离性，我们可以推知：体积只是由非体积因素——"点"积累而成的。但是，最后的经验事实却是单位体积，例如这座大厅的容积性空间。但是，若说这座大厅只是由点积累成的，这种说法就只是一种逻辑性的想象。

因此，体积的摄受性单位是基本事实，这种单位由内含的无数部分中的分离单位加以限制或延伸。当我们看到一个摄受性单位时，仍然认为它是内含部分的集合。但是，体积的摄受性单位并不只是各部分逻辑性的集合所组成的单位。各部分组成一个有秩序的集合，亦即每一部分从其他部分来看都自成一体，同时，其他各部分对于该部分来说也各成一体。例如，A、B、C若为三个体积，从A来看时，B与C都有一个位态。从B或C来看时，本身之外的二体积也都各有一位态。从A出发而求得B的位态，便是A的本质。空间的体积是没有独立存在的。它们只是整体中的实有；如果把它们从环境中抽绎出来，就破坏了它们的本质。因此，我认为从A出发所求得之B的位态，就是 B 借以进入 A 结构的"样态"（mode）。摄受性单位 A，摄受着从它本身出发所求到的一切其他体积的位态而成为一个单位，这就是空间的样态性。一个体积的形式，就是可以推演出一切位态的公式。因此体积的形式比它的位态更抽象。至此，我大可以借用莱布尼茨的语调说：在空间中每一体积皆在自身反映出其他体积。

以上有关空间的说法，可以同样适用于时间的延续。没有延续的瞬间，是一个想象的逻辑构作。每一段时间的延续，皆在本身反映出一切时间的延续。

但是我在两方面过分简化了。第一，我必须把时间空间联系起来，从"时—空"的四维区域来解释。但即使采用这种解释方式，也未必增加新东西，只要在内心把前述解释中的空间体积用四维区域代替就行了。

第二方面，我说摄受性统一体 A 区域，是由其他区域的样态呈现在 A 区域中所形成的统一。这种解释本身包含一个循环论证。这循环论证之所以产生，是由于"时—空"实际上不能视为独立存在的实有。它是一种抽象概念，其解释必须参照那提取所从出之物。"时—空"是事件相互之间的秩序，以及事件本身的某些特质的说明。如果像这样追溯具体事实，无异于回溯18世纪，甚至回到17世纪的培根去了。我们必须看看这两个时代的发展，并评述当时居于统治地位的科学系统。

没有任何时代是清一色的。不论某一长时期中的主要风尚是什么，该时期都可能产生与时代精神相反的人物，甚至是伟大的人物。18世纪的情形正是如此。例如，当我描述这个时代的特性时，诸位大概会想起卫斯理（John Wesley）与卢梭等人。但是我不打算多谈他们，我要详谈的却是贝克莱（Berkeley）主教的观念。在 18 世纪刚开始时，他就提出了全部正确的批评，至少在原则上如此。如果说他的思想没有发生作用，那是不符实情的。他是一位名人，曾由乔治二世王后任命为主教，当时大英帝国的主教比今天的主教地位高多了。在世界各国的王后中，像乔治二世王后这样聪明睿智、见解深远、能以大公无私的精神提倡学术的并不多见。但对贝克莱而言，比他的主教地位更重要的是，休谟研究了他的学说，并发展了他的哲学一面——只是那种发展方式必定会使这位伟大的主教死不瞑目。后来康德又研究了休谟的学说。由此看来，如果有人说贝克莱在那一世纪没有影响，实为荒唐之语。但无论如何，他对于科学思想的主流依然无能为力。科学思想就像他未曾写下任何著作那样，照常发展下去。科学界由于获得了极大成就，因而从那时起就一直不肯接受批评，并沉醉于自身的特殊抽象概念；那些抽象概念也还行得通，于是就使它心满意足了。

现在面临的问题是：在 20 世纪的今天，科学界的思想对于它自身所要分析的具体事物是太狭窄了。这一点在物理学中很清楚，在生物科学中更为明显。因此为了理解现代科学思想的困难及它对现代世界的反应，我们就必须拥有一些范围较宽的抽象概念，和距离我们直觉经验的全部具体情况更近的具体分析。这种分析还必须考虑到物质与精神的抽象概念，以便解释我们在物理世界中的许多经验。贝克莱就是在探寻这种较广泛的科学基础上起了重要作用。在牛顿与洛克两个学派完成了各自的工作以后，他随即针对他们的弱点提出批评。我不拟多谈贝氏创始的主观唯心论或休谟及康德所发展成的各种学派。我要说明的是：不论你最后接受的形而上学是什么，都必须承认贝克莱学说中包含着另一条发展途径，正好指出了我们所寻求的那种分析。贝克莱本人却忽视了这一点——一方面是因为许多哲学家都过于偏重主知主义，另一方面也由于贝克莱急于要找出一种以上帝的心灵为客观基础的唯心论。诸位也许还记得我曾说过，这问题的关键在于"简单定位"概念。贝克莱实际上批评了这一概念。他还提出一个问题：我们在自然界中认识的所谓事物，究竟是什么？他在《人类知识原理》（*Principles of Human Knowledge*）第二十三、二十四节中，对后一问题提出了答案，我们可以引证几句来看：

第二十三节："但你若说：要我想象一个公园里有树或者一间壁橱里有书，而不必有人在旁边感知它们，这确实是最容易的事。我的回答是：你的确可以这样想，毫无困难；但是请问，你这不就是在你的心中构成了某些你所谓树和书的观念吗？你不过是在构成它们之同时，忽略了构成感知它们的任何人的观念罢了……"

"当我们尽力设想外物的存在时，我们自始至终只是在思考我们自己的观念而已。不过由于'不曾注意到它自己'，便误以为自己能够设想物体可以不被想到而存在，或者存在于心灵以外……"

第二十四节："只要稍微探究一下我们的思想，就会很清楚地知道，我们是否可能懂得所谓'可感物自己的绝对存在或在心外的存在'究竟有何意义？在我看来，这些话显然不是自相矛盾就是毫无意义……"

此外，贝克莱《阿尔西弗龙》（*Alciphron*）一书的第四篇对话录，有一段很值得注意的谈话，我在《自然知识原理》

（*Principles of Natural Knowledge*）一书中曾相当详细地引证过，那就是：

> **欧夫拉诺**（Euphrano）：阿尔西弗龙，请告诉我，你能不能看到原来那座城堡的窗户与城垛？
>
> **阿尔西弗龙**：看不到，从这么远看起来，那城堡只像一座小圆塔。
>
> **欧夫拉诺**：但我亲自到过那里，我知道那不是一座小圆塔，而是一座方形的大建筑，上面有城垛也有角楼。你好像都没看见吧。
>
> **阿尔西弗龙**：你这样说，想推论出什么呢？
>
> **欧夫拉诺**：我认为你用视觉严格而规矩地看到的东西，并不是几里以外的那个东西本身。
>
> **阿尔西弗龙**：为什么会这样呢？
>
> **欧夫拉诺**：因为一个小圆形的东西和一个大方形的东西是完全不同的，对吗？……

在同一篇对话录中又引证了有关行星与云的类似谈话，而在这一段结尾时，

> **欧夫拉诺**：你在这儿所看到的城堡、行星、云，都与你假定在很远以外的地方存在的实物大不相同，这一点难道还不清楚吗？

在上述引文的第一段中，可以清楚看出贝克莱本人持极端唯心论的观点。他认为心灵是唯一绝对的实在，自然的统一体

就是上帝心灵中观念的统一体。我个人认为贝克莱对于形而上学的解释困难重重，并不少于他自己在科学思想体系的唯实论解释中所挑出的困难。然而，我们还可以找到另一条思想途径，它将使我们采取一种过渡性唯实论的态度，并且扩充科学思想体系，从而对科学本身有所贡献。

我在前一讲曾引述培根《自然史》中的一段，现在再回顾一下：

> 肯定说来，无论任何物体，虽然它可能没有官觉，但是一定有知觉……不论这物体是改变他物的或者被他物改变的，在行动之前总有一种知觉存在，否则物体彼此之间的关系就会毫无区别了。……

我在前一讲又曾把培根所用的"知觉"解释为"思索"被感知物体的基本性质，并把"官觉"解释为"认识"。肯定地说，我们对于事物还没有透彻的认识时，是可以对它加以思索的。甚至即使当时没有认识，事后也能在思索的记忆上有所认识。此外，正如培根所指出的："……否则物体彼此之间的关系就会毫无区别了。"我们所思索的显然是一些基本要素，亦即产生差异性的要素，这种差异性不仅仅是逻辑上的差异。

"感知"（perceive）一词在我们一般用法中，充满了认识上的"体认"（apprehension）意义。"体认"一词即使去掉"认识上的"，仍是充满认识上的意义。我以"摄受"（prehension）一词代表"非认识的体认"：这样一来，"体认"便可以是也可以不是认识方面的用语。我们再看欧夫拉诺的最后一句话：

"你在这儿所看到的城堡、行星、云，都与你假定在很远以外的地方存在的实物大不相同，这一点难道还不清楚吗？"因此，我们便在本身所在的地方"这里"，包容了"其他"地方的东西。

我们再回到前述《人类知识原理》所引的文句可知，贝克莱主张：构成自然界实有的体现之物，就是在心灵统一体中被感知的存在。

这一概念可以用另一说法表示：体现过程就是事物聚集到摄受的统一体中去的过程；由此体现的是摄受，而不是事物本身。这种摄受的统一体是"此地"和"此时"的，而集中到摄受统一体中去的事物，则在本质上与其他地点及其他时间有关。我以"摄受的统一过程"来取代贝克莱的"心灵"。为了使这种"自然事素不断体现"的过程能为人了解，还须作相当详细的解释，并且要把它在具体经验中的实际意义与它本身对照来看，这一点须留待以后各讲再谈。在此首先应注意，简单定位的概念已经消失无形了。聚集到此时此地所体现的统一体中的东西，已经不单纯是城堡、云或行星本身了；而是从摄受统一体所看到的，在其时间空间内的城堡、云和行星。换句话说，这就是从此处的统一体的观点出发，所看到的另一处城堡的透视。因而便是被摄入此处的统一体中的城堡、云、行星的位态。诸位也许记得，"透视"（perspectives）概念在哲学中是很常见的。这概念是莱布尼茨倡言他的单子反映宇宙的透视时介绍进来的。我所用的也是透视概念，只是把他的单子变成了在时间空间中被统一的事件。在某些方面看来，这概念倒更为接近斯宾诺莎的"样态"；这就是我使用"样态"（mode）或"样态的"（modal）二词的理由。与斯宾诺莎对照来看，他那唯一实体便是我们所谓的：体现过程在互相联系的复杂样态下，个体化的潜存活动。
因此，**具体的事实即是过程**。关于这方面的基本分析，便是对
潜存的摄受活动与被体现的摄受事件的分析。每一事件都是始
基活动个体化时所产生的个别事实，但是个体化并不等于实体
的独立存在。

我们在感官中所认识到的实有，是我们知觉作用的末端。
我称这种实有为"感官对象"。例如某种深浅的绿色、某种音质
与音调的声音、某种确定的气味、某种一定性质的触觉等等，
都是感官对象。这种实有在某段时间内与空间联系的方式是复
杂的。我们可以说：感官对象"结入"（ingression）"时—空"
中。一感官对象在认识上的感认，便是各种感官对象的不同样
态，连同该感官对象一起，在摄受统一体（A 点）之中被感认
的状态。主体点 A 当然是"时—空"中的区域，亦即在某一段
时间延续中的一定空间体积。但是作为一个实有来看，这主体
点便是一体现的经验单位。A——此 A 是离开感官对象来看的，
这感官对象与 A 的关系受着样态的限制——的感官对象的一个
样态，就是从 A 求到的另一区域 B 的位态。因此，感官对象便
以在 B 点的位置这一样态存在于 A 之中。举例来说，如果我们
所说的感官对象是绿色，它便不止存在于 A（绿色被感知的地
方），也不止存在于 B（绿色被人认定的所在地），而是以在 B
的位置这一样态存在于 A 之中。这问题并无任何特别神秘之
处。只要看看镜子里所照出的身后的绿叶就知道了。对于在 A
点上的你来说，有绿色存在，但这绿色却不仅仅存在于你所在
的 A 点。A 点上的绿色有一样态，即存在于镜子里面的绿叶影
像中。然后，再请你转过身来看看绿叶本身。这时，你感知绿
色的方式与未转身以前完全一样，所不同的只是绿色具有存在

于实际树叶中的样态。我现在只是描述我们所感知到的东西。我们知道绿色在感官对象的摄受统一体中仅是因素之一；每一感官对象，包括绿色在内，都有其特殊样态，亦即处在另一地点的位置。位置样态有各种不同的形式。例如，声音便是容积性的，可以充满一座大厅；颜色的散射有时亦复如此。但颜色的位置样态可能是一体积的偏远界限，如墙壁的颜色就是这样。因此基本上说来，"时—空"就是感官对象在某种样态之下结入的场所。这就是时间与空间（为了方便起见可以分开谈）被整个提出的理由。因为，每一体积的空间或每一段时间，在本质上都包含着其余一切空间体积或时间延续的位态。哲学上关于时间、空间的困难，就在于把它们主要看作简单定位的场所。简而言之，感知就是对摄受统一体的认识；再简言之，感知就是对摄受体的认识。**实际世界是许多摄受体组成的多面体；一个"摄受体"就是一个"摄受事态"；而一个摄受事态则是最具体的在己和为己的有限实有**，而不是从它在其他同类事态的本质中所反映的位态来看的。摄受统一体可以说在 A 体积中具有简单定位。但这话等于没说。因为，时间与空间是从各摄受统一体彼此在对方体内形成后所组成的整体上，得出的抽象概念。因此，若说一个摄受体在 A 体积上有一简单定位时，就等于说一个人的脸凑合到脸上浮现的微笑一样。根据上述种种，我们还不如说感知的动作有一简单定位更有意义；因为这样还能理解为：它仅只存在于认识者这一摄受体上。

就以上所说的看来，自然界牵涉的实有比单纯的感官对象更多。虽然在更全面地看问题时，我们的说法或许还须修订，但是，现在我们已经可以回答贝克莱，关于赋予自然的实在性究竟有何性质的问题了。他认为这是心灵中观念的实在性。一个完整的形而上学获得了心灵或观念的某些概念之后，可能最终会接受这种看法。在这一系列演讲中毋须讨论这一根本的问题。我们可以采取一种暂时的唯实论，把自然视为摄受统一体的综合。时间、空间则表现为这些摄受体之间相互关系的一般格式。其中任何一种皆无法从这关联组织中除去；并且每一摄受体都具有整个综合体所具有的实在性。反过来说，整体也具有每一摄受体那样的实在性；因为每一摄受体都统一了从它本身出发赋予整体中其他部分的样态。**摄受体就是一个统一的过程。因此，自然是一个扩张性的发展过程，它必然从一个摄受体过渡到另一摄受体。被达成之物就被超越过去了，但却仍有本身的位态呈现于未来的摄受体中，因而又被保存下来了。**

因此，自然界是一个进化过程的结构。实在即是历程。如果有人问红色是否实在物，那是毫无意义的。红色只是体现过程中的一个组成部分。自然界中的实在就是自然界中的摄受体，亦即自然界中的事件。

现在，我们已经为时间、空间清除了简单定位的劣迹，因此也可以部分地抛弃那拙笨的名词——摄受体。这名词原是用来说明一事件本质上的统一体，亦即说明事件是一个实有，而不仅仅是各部分或各因素的集合。我们必须了解："时—空"不过是把集合体组成统一体的系统。但"事件"（event）一词正好意味着这种"时—空"中的统一体，因此便可以取代"摄受体"来说明被摄受之物。

凡事件皆有同时发生的其他事件。就是说，一事件把同时发生的其他事件的样态作为当下达成的展现，而反映在自身之中。事件也有过去，就是说该事件在自身中把先行事件的样态反映出来，并作为记忆混入自身的内容中去。事件还有未来，就是说该事件在自身中反映出未来向现在反射回来的那些位态；亦即它反映出由现在向未来决定的那些位态。因此，事件便有预示作用，如以下诗句所云：

> 寰宇无垠无涯，
>
> 先知梦魂萦来日。

以上这段结语对任何形式的唯实论都极其重要。因为在我们的认识界中，有过去的记忆，有目前的体现，也有对未来事物的预示。

以上所作的简单分析比科学思想体系的分析更具体，我的出发点是我们自身关于认识方面的心理领域。这一出发点的意义就是它本身所表明的意义，亦即我们对自己的躯体事件的自有知识。我是指全体的事件，而不是指对躯体的细部考察。这种自有知识，显示出自身以外的实有之样态表象的摄受统一体。总而言之，这种躯体事件除了特别复杂及稳定的固有模式以外，与其他事件完全处在同一水平。唯物机械论的力量，就在于它坚持不许以人为的方式打乱自然秩序，以堵塞理论上的缺口。我同意这个原则。但是，你若像经验论者那样从自身心理经验的直接事实出发，你就立即会被引导到本讲所提出的自然机体观上去了。

18 世纪的科学思想体系，未曾提出任何可以组成人类直接心理经验的要素，这是它的缺点。同时，对于整体的有机统一体也未曾提出任何可以发展成电子、质子、分子、生物体等有机统一体的初步概念。根据当时的思想体系，在事物的本质中找不出任何理由来说明：各部分质料相互间何以会具有各种自然的关系。我们不妨承认自己无法找到必然的规律，但是我们却能看到自然秩序的存在是必不可少的。自然秩序的概念，与作为机体发展场所的自然概念紧紧地结合起来了。

注：

笛卡儿在《对〈沉思录〉问难的答复》中谈到几句话，对于本讲后一段来说很有意义。他说："太阳的观念就是它本身在心灵之中的存在。这诚然不是它在天空中那种形式上的存在，而是一种客观的存在，亦即通常一般物体在心灵中的存在形式。这种存在形式确实没有物体在心灵之外的存在形式那样完美。但我已经说过，它绝不会因而成为不存在。"——我个人很同意笛卡儿这种观念，但却认为它很难同笛卡儿哲学的其余部分相调和。

第五章 浪漫主义的逆潮
The Romantic Reaction

 我在上一讲曾说明 18 世纪所继承的狭隘而有效的科学概念体系对当时所产生的影响。这一体系的基础心态完全相应于奥古斯丁（Augustine）的神学。新教的加尔文主义（Calvinism）与天主教的冉森派（Jansenism），都证明了人在不可抗拒的圣宠面前是无能为力的；现在的科学体系也证明人在不可抗拒的自然机构旁边是无能为力的。这种神性的机械论与物质的机械论，正是当时范围狭隘而逻辑清晰的形而上学之两个怪异产物。17 世纪的天才已经将芜杂的思想界清除了一番；18 世纪再继续以无情的手段进行清除工作。科学体系比神学体系更能持久。人类很快就对不可抗拒的圣宠失去兴趣，转而欣赏源自科学的效用卓著的工程学。贝克莱在 18 世纪的前二十五年曾对这一系统的基础提出哲学上的批判，但是未能搅动思想的主流。我在上一讲中曾推演了与他平行的理论，最后归结出一套思想体系：把自然建筑在机体的观念上，而不建筑在物质的观念上。在本讲中，首先我要谈谈几位文化界人士对这种机械论与机体论的对立有何看法。**人性的具体外貌唯有在文学中才能表现出来；因此若要了解一个世纪的内在思想，就须回顾其文学，尤其是诗歌戏剧等较为具象的文字形式。**

 我们即将看到西方人表现出许许多多一般认为只有中国人

才具有的特性。中国人有时相信孔教，有时又相信佛教，这种情况常令人感到惊讶。到底中国人是不是如此，我不太清楚；即使真是如此，这两种立场是否水火不容，我也不知道。然而，类似的情况却出现在西方，并且其中涉及的两种立场的确互不相容。他们一方面相信以机械论为基础的科学唯实论，另一方面又坚信人类与高等动物是由自律性的机体所构成的。近代思想的基础中存在着这种极端的矛盾，正好说明了我们的文明何以会摇摆不定和动荡不安。如果说这种矛盾分裂了思想，或许言过其实。但是，这种潜存的矛盾的确使思想衰退了。总而言之，我们几乎完全遗忘了中世纪的人曾经追求的高超境界。他们秉持一个理想，要达到理解上的和谐；我们却满足于各种由武断的出发点所形成的表面秩序。例如欧洲各民族的个人主义的力量所创造的事业，都假设了自然界的活动导向一群目的因。但是，他们在发展中所运用的科学则根据一种主张自然因果律至上的哲学——这种哲学在自然原因与终极目的之间设下鸿沟。若深入讨论其中涉及的绝对矛盾，恐怕不太受欢迎。但是这个事实的存在则是不容蒙混的。当然，18世纪的佩力（William Paley）曾说过一句名言：机械论必须假设创造自然的上帝存在。但在佩力尚未提出这一说法的定案之前，休谟就已经提出辩驳：你所能找到的上帝只是创造这一机械论的上帝。换句话说，机械论最多只能假定事先有一个机械匠存在；这机械匠还不是一般的机械匠，而只是这种机械论的机械匠。要想摆脱这种机械论的唯一办法，就是设法发现它不再是机械论。

当我们撇开神学中的护教神学（apologetic theology）而谈到一般文学时，就会不出所料地发现科学观点普遍受到忽视。从文学的素材看来，科学本来是没有机会被提到的。直到晚近，作家们都沉浸在古典文学与文艺复兴时代的文学中；大部分的人对科学与哲学都不感兴趣，他们的思想训练也使他们无法理解这一套。

但是，这种概括的说法也有不少例外；单就英国文学而言，许多伟大的人物都与哲学及科学有关，其中科学的间接影响尤其不可忽视。

我们若稍加检视英国文学中在一般风格上带有说教性的庄严伟大的诗，就会得到一个旁证，发现近代思想中确实存在着令人迷惑的矛盾。这一类的诗有弥尔顿（Milton）的《失乐园》（*Paradise Lost*）、蒲伯（Pope）的《论人》（*Essay on Man*）、华兹华斯的《漫游集》（*Excursion*）、丁尼生（Tennyson）的《追忆集》（*In Memoriam*）等。弥尔顿的著作虽然写于"复辟"* 之后，但却表达了他那时代早期未受科学唯物论影响的神学气氛。蒲伯的诗则代表了其间六十年科学唯物论对一般思想的影响，这一时期包括科学运动稳获胜利的初期。华兹华斯彻头彻尾表现出一股对18 世纪思潮的有意识反抗。这种思潮不外乎根据全部表面价值去接受科学观念。华兹华斯并无意在思想上标新立异，他的唯一动机只是一种道德上的反感。他认为有些东西被遗漏了，这些东西每一件都是重要的。丁尼生则是 19 世纪后期日趋式微的浪漫主义与科学之间试图妥协的代言人。那时候，近代思潮中的两大因素由于对自然过程与人生实相的解释互不兼容，而呈现出基本的分歧。丁尼生的诗成为上述混乱状况的典型代表。两种对立的世界观都诉诸似乎无所逃避的终极直觉，使他无法不接受。丁尼生深入难题的核心，发现机械论的问题令他困惑不解：

---

* 指 1660 年英王查理二世的复辟。

　　她轻声低语："星辰盲目运行。"

　　这句诗把全篇所含的哲学问题赤裸裸地说出来了。每一分子皆盲目运行；而人体是分子的组合，因此人体的行动也是盲目的，于是个人责任随之瓦解无存。只要你承认分子独立存在、完全不受人体的机体所决定，同时又承认盲目运行由普遍力学规律所决定，则无法避免这样的结论。但心理经验是从身体活动，尤其是身体的内在行为所产生出来的。因此，心灵的唯一作用是肯定某些经验，并且把它所能得到的某些与身体的内外活动无关的经验加上去。

　　于此我们可以提出两种有关心灵的理论。其一否认它能为本身提供躯体所不能提供的经验。其二则承认之。

　　你若不承认心理附加的经验，则道德责任亦随之荡然。若承认这种经验，则人对于自己身体的行为或可逃避责任，但对于自己的心理状态就要负责了。丁尼生在诗中避开这一明显问题的方式，正好说明了近代世界思潮的消沉。其中有些弦外之音，竟成了屋中的私语。他几乎谈遍了宗教问题与科学问题，唯独对这个问题只小心翼翼地一触即逝。

　　当他写成此诗时，这个问题正是争论焦点。彼时密尔（John Stuart Mill）正在提倡他的命定论。密尔认为意志由动机所决定，而动机可以用先行条件来说明，其中包括身心两方面的状态。

　　这一理论显然未能避开极端机械论所提出的难题。若意志能影响身体状况，则身体中的分子就不是盲目运行的；若不能影响，则心灵就会处于不如意的情况中。

　　密尔的理论被普遍接受，尤其受到科学家的欢迎；它似乎能让你一方面接受极端的唯物机械论，同时又超脱那种令人难以置信的结论。其实并非如此，身体中的分子若非盲目运行，就是不盲目运行。若是盲目运行，则讨论身体行动时就与心理状态无关了。

我只是简略地提出以上说法，因为实际上这问题很简单，冗长的讨论反而会产生混乱。这里并未涉及分子在形而上学中的地位问题，并且，"分子只是一些公式"的说法在此也无法立足。因为公式总是有意义的。若没有意义，则整个机械论也没有意义，问题就无法再谈了。但是，如果公式有意义，这一说法就只能扣紧该意义来谈。传统的方式除了对它视若无睹之外，就是求助于现今所谓的"生机论"（Vitalism）的某种形式来逃避这一困难。生机论其实是一种折衷的说法，它主张在非生物界完全应用机械论，而在生物体中则机械论要作部分修正。我认为这种折衷说法并不成功。因为生物界与非生物界之间的差别非常模糊，并且问题重重，不是这样一种武断的假设所能说得通的。而且这种说法在某些地方总会涉及本质上的二元论。

我的理论是主张：**一切唯物论概念只能应用于逻辑思辨所产生的极抽象的实有。而持续的具体实有就是机体，因此"整体"机体的结构对于附属机体的性质必有影响。**以动物为例，心理状态进入了整个机体的构成中，因此对于一连串的附属机体，直到最小的机体如电子等都有影响。因而生物体内的电子由于躯体结构的缘故，遂与体外的电子不同。电子在体内、体外都是盲目运行，但在体内时则遵照它在体内的性质运行；亦即遵照躯体的一般结构运行，而这结构便包括心理状态在内，变更性状的原理在自然界是普遍的现象，绝不是生物体所独有的特征。我在往后各讲会说明：若接受这一原理，就必须放弃传统的科学唯物论，而代之以机体论的说法。

我这一系列演讲不预备讨论密尔的命定论，前面所说的只想指出：如果不是唯物机械论或折衷生机论所引起的困难无法克服的话，则"命定论"或"自由意志论"两者总有一个站得住脚。**我这一系列演讲所提出的理论可以名为"机体机械论"（organic mechanism）。在这理论中，分子将遵照一般规律盲目运行，但是每一分子由于所属整体的一般机体结构不同，而使其内在性质也随之各不相同。**

具体生活中所预设的道德直觉，与科学方面的唯物机械论之间有一段差距，这差距的意义要经过几个世纪才能逐渐看出来。前述各诗凑巧都在开头几段反映出各自时代的不同风格。弥尔顿在结束序言时写下一段祷词：

> 立言陈高义，愿能明神旨。
>
> 上帝御世人，其道由此显。

根据近代许多研究弥尔顿的作家之见，我们也许会认为他的《失乐园》与《得乐园》（*Paradise Regained*）是一系列无韵诗的练习作品。但是，弥尔顿本人一定不以为然。"上帝御世人，其道由此显"才真是他的主要目标。他在《武士参松》（*Samson Agonistes*）一书中也提出同样的观念：

> 神意何其公，
>
> 御人何其平。

这是何等坚强的信心，完全不受汹涌而来的科学浪潮所影响。《失乐园》的实际出版日期，与它所属的时代竟至渺不相涉。这是一个信心未受干扰的世界即将消逝的回光返照。

我们比较《论人》与《失乐园》这两部诗集，就可以看出英国文学的基调在蒲伯与弥尔顿之间五六十年的变化。弥尔顿的诗是向上帝写的，蒲伯的诗则写给博林布鲁克勋爵（Lord Bolingbroke）：

> 大梦其速醒，遗彼卑微事。
> 睥睨帝王傲岸心，浮生糊口终其世。
> 纵观世间万象，
> 何纷纭！却有序。

我们不妨对照蒲伯的豪迈信心"何纷纭！却有序"与弥尔顿的"神意何其公，御人何其平"。但是，真正值得注意的，却是他们二人都未曾遭遇近代世界的大迷障。弥尔顿追随的方向是揭示上帝御人之道。两代之后的蒲伯也以同样的信心，肯定昌明的近代科学方法已经为纷纭万象提供一个蓝图。

顺着这一主题，接着出现的下一部英诗便是华兹华斯的《漫游集》。我们从他的散文体序言得知该书只是一小部分，原先想写的是"关于人、自然、社会之哲学诗集"。

诗集首段就以极具特色的方式开始：

> 夏日何炎炎，太阳已中天。

由此可知，浪漫主义的逆潮既不从上帝出发，也不从博林布鲁克勋爵出发，而是从自然界出发。我们在此发现一种有意识的对 18 世纪整个风格之反动浪潮。18 世纪以抽象的科学分析去研究自然界，华兹华斯则以自身的全部具体经验去反对抽象的科学概念。

从《漫游集》到丁尼生《追忆集》之间，是整整一个世代的宗教复兴与科学进步。早期的诗人对这个迷惑置之不理，丁尼生却无法因循成说。因此，他的诗开头就是：

> 伟哉神之子，垂爱无穷世。
>
> 我躬末由亲，诚信得神佑。
>
> 尘凡不见处，信德奉天旨。

我们一眼即可看出此诗的迷惑神情。19世纪是迷惑的世纪，前几个世纪却非如此。以往也曾有过敌对的阵营，在当时所谓的根本问题上争论不休。但是除了少数彷徨不定的人心外，各个阵营都是一心一德的。丁尼生的诗，旨在表达那个迷惑时代的特质。每一个人都彷徨不可终日。但是，稍早的大思想家都是清晰的思想家，像笛卡儿、斯宾诺莎、洛克、莱布尼茨等人。他们的意思及叙述都很清楚。19世纪的神学家与哲学家中，却有许多思想家是含混不清的。**他们同时承认两种互不相容的学说，而在协调折衷时却又引起无可避免的混乱。**

诗人马修·阿诺德（Matthew Arnold）甚至比丁尼生更能表现当时典型的个人迷惑。他在诗集《多佛海岸》（*Dover Beach*）结尾时说：

> 我人处境一如——
>
> 昏蒙战地，搏斗声震，
>
> 心怀恐惧，夜战方殷。

我们若对照前述《追忆集》，就可知其间差别何在。枢机主教纽曼（Newman）在他的《辩护集》（*Apologia pro Vita Sua*）中，论及伟大的英国教士普西（Pusey）的一个特点是"从未遭遇心灵迷惑的困扰"。在这一点上，普西令人想起弥尔顿、蒲伯、华兹华斯，而在反面形成对照的则是丁尼生、克拉夫（Clough）、阿诺德与纽曼本人。

在英国文学中，我们可以不出所料地发现法国大革命前后浪漫主义逆潮的领导人物对科学思想所作的最有趣批判。在英国这一系列文学中，最深刻的思想家是柯勒律治（Coleridge）、华兹华斯与雪莱（Shelley）。济慈（Keats）的作品是未受科学影响之一例。我们可以略过柯勒律治所致力的一套表面的哲学公式。那套公式在当时颇有影响，但是本系列演讲只讨论以后能长期流传的思想。虽然如此，仍旧难免挂一漏万。对我们而言，柯勒律治的意义只在于他对华兹华斯的影响。如此一来，只剩下华兹华斯与雪莱了。

华兹华斯专心致志于自然界。**有人说斯宾诺莎醉心于上帝，我们也可以说华兹华斯醉心于自然。**但是他又好学深思，喜爱哲学，头脑清晰到近乎单调的地步。此外，他还是个天才。他对科学的排斥使他本身的分量稍减。我们都还记得他对穷人的讽刺，他曾粗鲁地咒骂他们不该在他母亲的坟上鬼鬼祟祟地张望，并在那儿采野菜。表现这种厌恶情绪的诗比比皆是。他这种典型的思想可以用他自己的话来概括："我们谋杀是为了解剖。"

这句话稍后的部分，也流露出他本人批评科学时的思想根据。他认为科学不该完全沉浸于抽象观念之中。他一再强调自然界的重要事实逃脱了科学方法的掌握。因此，我们必须问清楚：华兹华斯到底发现自然界的哪些东西在科学中无法表明呢？我是为科学本身的利益而提出这个问题的；**因为这一系列演讲有一主要立场，就是反对某些人认为科学抽象概念既不能改变又无法更换的说法。**但华兹华斯也绝不是把无机物交给科学家去秉公处理，而相信生物机体中存在着科学无法分析的东西。他当然知道有生物与无生物在某种意义上是不同的，这一点没有人会怀疑。他的论旨并不在此。他始终不能忘怀的是那萦绕心头的山景。他主张自然是一个独立的整体，亦即：无论我们如何把分离的因素视为独立的确定个体，其周围的事物都会神秘地呈现出来。他经常在特殊事例的情调中把捉住自然之整体。这就是何以他会和水仙花一同欢笑，而在樱草花中找到了"涕泪不足以尽其情"的深思。

华兹华斯本人顶尖的诗作是《序曲》（*The Prelude*）第一卷。其中充满了为自然界形象所萦怀的情调。有好几段雄浑的诗句表达着这一观念，只是原文过长不便征引。当然，华兹华斯是个写诗的人，他并不关心枯燥的哲学叙述。但是，人对自然的感受却很难表现得比他更清楚；他认为自然是由许多错综复杂的摄受统一体所组成的，每一个统一体都充满了其他统一体的样态表象：

> 充乎天，沛乎地，
>
> 自然之形影，山峦之幻景，幽境之精灵！
>
> 壮哉造化功，俗念何由生？
>
> 儿时栖游处，此影未尝去，
>
> 巉崖林泉间，岩穴绿荫处，
>
> 惊恐欲念情，均为此影铸。

> 纵情与狂欢，期望与疑惧，
>
> 大地有此影，狂澜永不住。

我引华兹华斯这首诗是想提醒我们：近代科学所告诉我们的自然观念是如何令人惶惑而迷惘啊！华兹华斯天资卓绝，表达出我们感认中的具体事实，那些事实都被科学分析所歪曲了。科学的标准化概念是否只在一定限度内有效，而这限度对于科学本身是否也嫌太窄了呢？

雪莱对科学的态度正好与华兹华斯相反。他爱好科学，并在诗中一再流露出科学所提示的思想。在他看来，科学象征了愉快、和平与光明。化学实验室对于雪莱，正如山峦对于青年期的华兹华斯。可惜人们对雪莱的批评在这方面不太近乎雪莱的本性。他们认为这是雪莱个性中无足轻重的怪癖，而事实上这正是他思想结构的主要部分之一，始终贯穿在他的诗里。**如果雪莱晚生一百年，他将会成为 20 世纪化学家中的牛顿。**

若要评价雪莱在这方面的成绩，就须体会他是如何专注于科学的观念中。能够举以说明的抒情诗比比皆是。我只要举出《解放了的普罗米修斯》（*Prometheus Unbound*）第四幕就够了。在这诗剧中，地球与月亮以严格的科学语言在对话。他的想象由物理实验引导着。例如地球曾惊叹：

> 气化凌霄不可羁！

这就是科学书中"气体膨胀力"的诗化。我们再看看地球这一段：

第五章　浪漫主义的逆潮 / 093

> 夜塔矗天立，吾身运转低。
>
> 酣眠销魂呓语喜，好梦少年轻叹息。
>
> 丽质荫身处，光热永相随。

　　这一段诗只有在心中先有一幅确定的几何图像才写得出来；而那正是我经常在数学班上证明的图像。作为见证来看，最后一行最堪注意，其中以诗意想象烘托出光明环绕着夜之塔的景象。没有上述图像在心的人是想不出这种观念的。此诗及其他诗篇都充满了这种情调。

　　这位诗人如此钟情于科学并沉醉于科学观念中，因而对于"次性理论"（doctrine of secondary qualities）不屑一顾，而这种理论却是科学概念所不可少的。雪莱所见的自然仍保持着美景和色彩。他所看到的自然，本质上是一机体构成的自然界，并以吾人知觉经验的全部内容为张本而运行。我们一向无视于正统科学理论的意旨，因而不易察觉其中所含的对正统科学理论的批判。如果说有人曾严肃面对这问题，那便是雪莱。

　　此外，有关自然界事象的混合问题，雪莱与华兹华斯的态度完全相同。他在一首题名为《白山》（*Mont Blanc*）的诗中，开头写道：

> 急浪拍心灵，
>
> 万物长流逝，
>
> 波涛明灭微芒中，
>
> 晦暗过处异彩生。
>
> 奥义从此出，
>
> 思维如泉蜿林中。

古木啸风急，

冲波绝壁惊。

瀑布倒挂三千丈，

咽幽流泉声不闻。

　　雪莱这几行诗显然涉及了某种形式的唯心论，是康德派的或贝克莱派的，甚至柏拉图派的。但不论如何解释，他在这里总是有力地证明了一个摄受的统一整体，它构成了自然本身。

　　贝克莱、华兹华斯、雪莱对于科学中的抽象唯物论，都坚决地从直觉上表示拒绝。

　　华兹华斯与雪莱两人对自然界的处理不同，这个有趣的差别正好提出了我们所要考虑的问题。雪莱认为自然像被仙人点化似的，在迁流、分解、变形。他描写落叶在西风前飞舞，有如——

幽灵趋避法师咒。

　　他的《云》（The Cloud）一诗之灵感就是由水的物态变化而引起的。诗的主题是无休无止、永恒不息、不可捉摸的事物变化：

我变而不灭。

　　这是自然的一面，不可捉摸的变化：它不但表现为空间的运动，也表现为内部性质的变化。雪莱的重点即在于不灭之物的变化上。

华兹华斯出生在荒瘠不毛的山峦之中，那儿很少有季节的变化。萦怀在他心头的是自然界无边无际的永恒性。在他看来，变化是持续存在的背景中偶尔出现的意外而已。

> 海洋寂无声，
> 远处忽闻希伯来人语。

任何分析自然的理论体系都必须面对两个事实："变化"与"持续"。此外，还有第三个事实，我称之为"永恒"。山是持续的，但年代湮久之后也会消失无存。如果有复生的山再起，那也是一座新的山。但颜色则是永恒的，它像幽灵般纠缠着时间，忽然而来忽然而去。不论到何处，它总是同一颜色，既不能先存也不能后死于任何东西，而只在需要时出现。但是，山与时间及空间的关系，则与颜色所有的不同。我在前一讲中主要谈的，是我所说的事物与"时—空"的永恒关系。这是讨论持续的事物之前的必经步骤。

我们必须回想这一步骤的基础。**我主张哲学是对抽象概念之批判。它有双重作用：第一是使抽象概念获得正确的相对地位，以求得彼此的和谐。第二是直接对照宇宙中更具体的直觉，以求完成它们；因而促进更完整的思想体系之形成。**伟大诗人的证言就是在这种直接的对照比较上极具重要性。这些诗句能流传至今，就证明它们表现了人类的深刻直觉，洞察到具体事物的普遍性质中去了。哲学不像别的科学那样，并非具有一套狭隘的抽象概念体系，再自行改进并力求完整。哲学旨在检订各门科学，求其相互和谐及完成实现。为了这个使命，它不但运用各门科学的证据，而且还诉诸和体的实际经验。它使科学与具体事实相会。

19 世纪的文学，尤其是英国的诗词，证明了人类的审美直觉与科学机械论之间的冲突。雪莱生动地描绘了盘桓在内部机体变化之上的永恒感官对象是如何变化莫测。诗人华兹华斯则把自然当作持续不变的场所，并认为其中含藏着惊人的奥义。他的永恒对象也呼之欲出，

> 海洋与陆地，
> 此光未曾见。

雪莱与华兹华斯都有力地证明：自然界不可与审美价值分离。就某一意义来看，这种价值是整体对各部分含容抚育所积累而成的。因此我们可以从诗人们得到一个说法，**自然哲学至少须研讨下六个概念：变化、价值、永恒对象、持续、机体、混合。**

我们可以看出，19 世纪初期文学上的浪漫主义思潮，正如一百年前贝克莱在哲学上的唯心论运动，都是不愿局限于正统科学理论的唯物概念之中。在这一系列演讲谈到 20 世纪时，我们会发现：科学本身在内部发展的驱使下，也产生一个改组概念的运动。

我们在进行讨论以前，必须先确定这种概念的改组是在客观主义还是主观主义的基础上进行的。所谓主观主义的基础是指一种信念：认为我们直接经验的本质，是经验主体的知觉特征所产生的结果。亦即这种理论认为：被感知的印象并不是一般独立于认识行为之外的复杂事物的局部观，而是认识行为所显示的个人特征。因此，认识行为的多样性所共有的就是与其

相连的判断。并且，虽然有一共同的思想世界与我们的感官知觉相联系，但却没有一共同的世界作为思想的对象。我们所思索的是一共同的概念世界，它可以一视同仁地应用到只属于个人的个体经验上。此概念世界最后将在应用数学的方程式中获得完整的表现。这是极端的主观主义论点。其间当然也有一折衷派，相信知觉经验确实可以告诉我们一共同的客观世界；但被感知的事物只是现存世界的产物，其"本身"并不是共同世界的要素。

至于客观主义的论点则认为：我们感官所感知的实际要素"本身"，就是共同世界的要素；现存世界是事物组成的复合体，其中的确包括我们的认识行为，但又超越这些行为之上。根据这种说法，被经验的事物应该有别于我们对它们的知识。由于知识依赖着事物，所以"事物"为"认识"铺平了道路，而不是倒反过来。重要的是，被经验的实际事物进入一个超越于认识之上但又涵括认识的共同世界之中。折衷派的主观主义者认为：被经验的事物只是由于依赖认识主体，才间接地进入共同世界。客观主义者则认为：被经验的事物与认识主体，以平等地位进入共同世界。我在这几次演讲中，将根据我个人的看法，讨论那适应科学的需要与人类具体经验之客观主义哲学的要旨。我们暂不详细批判各种形式的主观主义所引起的困难：大致说来，我的反对理由有三。第一个理由是直接探询知觉经验而引起的。从这个探询中可以看出，我们是处在颜色、声音及其他感官对象所组成的世界之内，这些感官对象在时空中与持续的客体如石头、树木、人体等相关联着。我们自身看来也和其他被我们感知的事物一样，是这个世界的要素。但是主观主义者，甚至连温和的折衷派也认为上面所说的这种世界，以一种直接超越于素朴经验之上的方式依赖于我们。但是，我认为最后的根据还应诉诸素朴的经验，这也是我何以要如此强调诗词的见证了。**我的看法是，在感官经验中所认识的东西，离开并超越了我们自身的人格；**而主观主义者却认为在这种经验中我们只知道自己人格上所发生的事。折衷派主观主义者，则把我们的人格置于我们所认识的世界与他所承认的共同世界之间。在他看来，我们所认识的世界，是由于处在后面的共同世界对我们人格施加压力所产生的内在紧张状态。

我不相信主观主义的第二个理由，是根据某些特殊的经验内容。历史知识告诉我们，地球上曾有许多世纪根本没有生物存在。同时还告诉我们，无数恒星系统的详细历史仍在我们的知识领域之外。就说地球与月球亮吧。试想地球内部与月亮的另一边到底在发生什么事呢？我们可以凭知觉去推论：在星球上、在地球的内部、在月亮的另一边，都有事情在发生着。甚至可以推知在远古的世纪中，也曾有事情在发生。但是，这些看来已经确定发生过的事，有些是不得其详，有些是根据推论才重现出来的。面对这种经验的内容，我们很难相信被经验的世界是我们自己人格的一种属性。我的第三个理由是根据行动的本能。如果感官知觉可以对处在个体以外的事物提供知识，那么行动似乎就被导入一种自我超越的本能。行动超离了自我而进入已知的超越世界。只有在这里，终极目的才有重要性。因为，这不是折衷派主观主义者所主张的那种由后面推动并进入不可知世界中的行为，而是对已知世界的既定目的之行为；但却又是超越自我并处于已知世界之内的行为。因此，已知世界超越了认识它的主体。

有些人试图给物理学上最近出现的相对论一个哲学解释，

主观主义的说法在这些人中相当流行。感性世界依存于个别感知者之说，似乎较易揭示其中所含的意义。然而，除了那些认为自己单独在虚无之中能构成整个宇宙的人以外，所有的人都须回溯某种客观主义的论点。我很难了解，如果没有感性的共同世界，思维的共同世界又如何可能。这一点我不拟细谈；但若没有思想之超越或感官世界之超越，我就很难看出主观主义者如何能避免孤立绝缘的状态。折衷派主观主义者似乎也无法从他背景中的不可知世界得到任何帮助。

唯实论与唯心论之间的区别，和客观主义与主观主义之间的区别不同。唯实论者与唯心论者都可能从客观的观点出发，双方都承认感官知觉所认识的世界超越于个别感受者之上的共同世界。但当客观唯心论者分析现存世界所含的实在性时，就发现认识的精神作用以某种方式遍含在每一细节中了。唯实论者则反对这点。所以，这两派客观主义不到最后的形而上学问题是不会分家的。两者之间有许多共同点。这就是我为何在上一讲中说我采取一种暂时性的唯实论的缘故。

过去有人认为，客观主义的理论必须接受古典的科学唯物论及其简单定位的说法，因此难免受到歪曲。这种说法假定了第一物性与第二物性的区别。因而处理感官对象的第二物性，便须从主观主义的原则出发。这是摇摆不定的论点，很容易被主观主义的批判论所俘虏。

我们若把第二物性包括在共同世界中，则我们的基本概念就须作一彻底的重新组合。我们对外在世界的理解，绝对必须依靠人体内部的事素，这是明显的经验事实。对人体施以适当技巧，便几乎可以使他感觉或不感觉任何东西。有些人认为，人身、大脑与神经在这完全虚幻的世界中，似乎是唯一实在之物。换句话说，他们用客观主义的原则来对待人体，而以主观主义的原则来对待世界的其余部分。这是说不通的；尤其我们现在引为证据的，是经验者对他人身体的知觉。

然而，我们也须承认：人身机体的状况，调节着我们对世界的认识。因此，知觉统一体必然是身体经验的统一体。当我们认识到身体经验时，必然也认识到整个"时—空"世界反映在人体生活中的各方面。这就是我在上次演讲中提出的问题之解答。我不拟重复再谈，只是提醒诸位：**在我的理论中，必须完全放弃"事物在'时—空'中的基本形式是简单定位"这一概念。在某种意义看来，每一事物都是无时不在又无所不在的，因为每一位置在所有其他位置中都有自己的位态。因此，每一"时—空"的基点都反映了整个世界。**

一般的时空观念都预设了简单定位，若以这种观点来了解我的理论，必定扦格不入。但是若由素朴的经验出发，这便是一种单纯的事实转述。你在某一地方感知事物，你的感觉便发生在你所在之处，并且完全属于你身体机能的作用方式。你的身体虽在某一地发生作用，但却为你的认识展现出环境中的一个位态，对这位态的认识逐渐变为一般知识，知道你的身体之外有事物存在。假使这种认识带来了对一超越世界的知识，就必然是躯体生命把宇宙中的一切位态统一在自身中了。

这一说法，与驰情幻想的作家如华兹华斯、雪莱等人在自然诗中生动地表达出来的个人体验完全吻合。事物未尝须臾或离的直接呈现，是华兹华斯的固执经验。这个理论的实际效果是摆脱认识的心态，使它不再成为经验统一体的必要基础。于是，经验统一体存在于事件的统一体之中；伴随着这种统一体可能产生认识，也可能不产生认识。

在这一点上，我们又回到一个大问题，就是在探讨华兹华斯与雪莱的诗人领悟力所提供的证据曾经发现的。这一问题已经扩展成为一组问题了。与颜色、形状等永恒对象不同的持续事物是什么？它们何以能存在？它们在宇宙中的地位及意义又如何？也就是说：自然秩序中持续稳定性的地位是什么？有一概括的答案把自然联系上背后的更大实有。这一实有在思想史上名目众多，如绝对者、梵、天道、上帝等。本讲不拟描述最后的形而上学真理。我要说的只是：有一种信念认为自然中存在着上述的秩序，而另有一种简易的假定，认为有一终极实有存在——为了消除迷惑，可以在某种无法解释的方式下求助于这一实有：如果以总括的结论从第一种说法跳到第二种，便是拒绝理性使用它自身的权利。我们必须探讨：自然本身是否表明它可以为自己作解释。亦即，我们若单单说明事物是什么，就可以包含解释的因素，而说明了事物为何是如此。这种因素涉及的深度，可以超出任何能够清晰了解的事物。在某种意义看来，一切解释都必将以一种终极的武断说法结束。我的要求是：我们模糊地发现一个超出我们清晰的认识能力之外的境域，而作为理论出发点的终极武断事实，应当能够显示出与这个境域相同的普遍实有原则。自然表明它本身体现了一种服从于决定论条件的机体进化哲学。像空间的度维、自然法则、受因果制约的持续实有（即体现这些自然法则的原子及电子）等，都是这类条件。但是这些实有的性质及其时间性、空间性，都必然表现出这些条件的武断性是自然之外更广阔的进化之结果；自然在这一进化中只是一有限的样态。

一切实有之物的性质都有一普遍的现象：亦即事物的转化，由一物到另一物的变迁。这种变迁并不仅是分立的实有作直线式的演进。不论我们如何确定一个受因果制约的实有，在我们第一次选择时总是预设了某物之更狭窄的决定条件。同时，在第一次选择之后也必然有一更宽广的决定条件存在——第一个选择经转化后逐渐变入这一条件。自然的一般位态是进化的扩张所形成的位态。某些名为事件的统一体都是事物实际性的发生态（emergence）。像这样发生出来的事物又当如何描述呢？这种统一体若称为"事件"（event），就会使我们注意到与实际统一体相结合的内在转化性。但是，这个抽象字眼并不足以充分描述事物实在性本身的情况。只要稍作思考，便明白任何观念本身皆无法自足。因为在各个事件中具有一定意义的观念，必然代表着在实现过程中起作用的某物。因此，没有任何一个字能充分说明它。但是反过来看，又没有任何东西是可以不表达出来的。只要想想诗对我们实际经验的表达，就会了解到：价值、成为价值、具有价值、本身成为目的、变成为己的事物，对于最具体的实际事件而言，都没有任何理由可以省略。我以"价值"（value）一词代表事件的内在实在性。同时，在诗人的自然观中也到处充满了价值因素。我们只要把人生历程中到处可见的价值，转移到体现过程本身的脉络中去就行了。华兹华斯崇拜自然的秘密就在于此。因此，体现过程本身就是价值之"达成"（attainment）。但单纯的价值并不存在；价值是限制的产物。因此，确定而有限的实有便是臻至"达成"的选定样态；但除了个别的实际事物之外又没有其他的达成。光是混杂现有的一切，只会形成不确定的非实有。实在性体现之地，是持续的、不可化约的、实际的存有，这种实有只限于形成它们本身，而不能形成别的东西。科学、艺术或创造性活动，都不能脱离持续的、不可化约的、有限制的事实。事物持续的意义，在于它自己保持住本身的确定达成。持续之物都是有限的、质实的、排外的，在环境中显出自身的位态。但它并不是自足的。一切事物的位态都渗入它的本质中。它只有把自身所在的那个更大整体汇合到自身的界限中，才能成为其自身。反过来说，它也只有在自身所在的环境中安置自己的位态，才能成为其自身。**进化问题是价值持续形态的持续和谐，转入超出其自身的较高达成之发展过程。审美的达成交织在体现过程中。**一个实有的持续代表着有限审美成就的达成；虽然当我们追溯到它自身之外的外在效果时，它可能代表一种审美的失败。即使从它内部来看，也可能代表了较低级的成就与较高级的失败之间的冲突。这种冲突便是瓦解的征兆。

若要进一步探讨持续客体的本质及其所需条件，势将涉及 19 世纪下半期盛行的进化理论。在这次演讲中我所要说明的是：**浪漫主义反动期的自然诗，是为了自然的机体观而发出的一种抗议，同时也是抗议把价值排斥于事实要素之外的做法。**从这方面来看，浪漫主义思潮可以说是贝克莱一百年前提出的抗议的复活。浪漫主义的逆潮，是为价值而发出的一种抗议。

第六章　19 世纪
The Nineteenth Century

上一讲的内容，旨在比较英国浪漫主义思潮中的自然诗与18世纪流传下来的唯物主义科学哲学。我曾指出这两种思潮之间完全扞格之处；又曾进一步概述客观主义哲学——就是将诗歌中所表现的以及日常生活的前提中所实际体现的人类直觉，拿来与科学联系起来的哲学。随着19世纪的进展，浪漫主义思潮也渐次衰颓。但它并未消灭，只是失去了思潮的清晰轮廓，流散于许多港湾之中，与人类其他的事物结合起来罢了。**这一世纪的信念有三大来源：第一是表现在宗教复兴、艺术及政治理念上的浪漫主义思潮；第二是为思想开拓新路的科学跃进；第三是彻底改变人类生活条件的科技发展。**

这三大信念之源，都来自上一代。法国大革命本身就是浪漫主义受到卢梭熏染后的第一个产儿。瓦特（James Watt）在1769年取得蒸汽机的专利权。整个这一世纪，科学的进步都是法国及法国影响的光荣。

在这时期刚开始的时候，各种思潮还是相互纠结，有合有分。直到19世纪，这三大主流才发展到最高峰，并形成了滑铁卢（Waterloo）之战以后六十年间特有的平衡状态。

19世纪异于往昔的特殊及新颖之处，在于科学技术方面。这不仅仅是采用了几个孤立的大发明。我们不可能不看到其中牵涉了更多的东西。例如,文字的发明就比蒸汽机伟大;但是如果追溯文字的发展过程,便会发现它与蒸汽机大不相同。我们无法细谈这两种发明早期的一些微末而零星的形态,却须把注意力集中在发展的有效期间。因为两者的时间幅度相差太大了:蒸汽机的发展大约几百年,而文字的发展却有几千年。同时,文字普遍流行以后,世界上往后的科技发展尚在未知之天呢!那一段变化过程是缓慢的、不知不觉的、事先没有预料到的。

及至 19 世纪,这过程就变成了迅速的、有意识的、可以预见的。19 世纪上半叶,是对待"改变"的新态度开始树立及巩固的时期。那是一个充满希望的奇特时期;相较之下,我们在六七十年以后的今天,就可以看出一种幻灭的情绪,或者至少是一种焦虑的情绪。

19 世纪最大的发明就是找到了发明的方法。一种新方法进入人类生活中。若要理解我们这个时代,我们可以忽略许多变化的细节,像铁路、电报、无线电、纺织机、综合染料等等;但是却须把注意力放在方法的本身。这才是震撼古老文明基础的真正新东西。培根的预言已经实现了;他说,人类以往有时梦想自己的身份只是稍逊于天使,现在却认为自己既是自然的仆人,又是自然的主人。但同一演员是否能扮演两个角色还有待证实。

这整个的变化源自新的科学知识。人们所认识的多半是科学的结果而非其原理,因而科学便显然成为实用观念的仓库。但我们若要理解这个世纪所发生的事,那么把它比喻成矿藏却比仓库更恰当。同时,我们若认为科学概念的本身就是人们所需要的发明,因而只要拿起来便可以应用,那就大错特错了。

在科学概念与实际发明之间，隔着一道构思设计的阶段。新方法中有一因素便是设法把科学概念与最后成果之间的鸿沟填起。这是有组织、有步骤地向一个又一个困难进攻的过程。

现代技术率先由英国繁荣的中产阶级所创造。因此，工业革命便从那儿开始。但德国人显然找到了其他方法，可以达到科学矿藏中更深的矿脉。他们放弃杂乱无章的治学方法。他们的技术学校及大学中的进步，并不依靠偶然出现的天才或碰巧幸运的思想。他们的治学功绩是 19 世纪举世欣羡的。这种知识训练法不仅能应用于技术，也能应用于纯科学，甚至还能应用于一般的治学问题。这代表了业余工作者走向专业工作者的转变过程。

世间常有许多人把毕生精力投入思想的某几个领域中。尤其是法律专案与基督宗教的神职人员显然有这种专业化的例子。但是直到 19 世纪，人们才完全有意识地觉悟到知识在其一切部门中专业化的力量，找到了培养专家的方法，认清了知识对技术进步的重要性，发现了抽象知识与实际技术相联系的方法，并且看到了技术进步的无限前程。这一切直到 19 世纪（主要在德国）才彻底办到了。

过去，人们生活在牛车上；将来，人们会生活在飞机上；速度的变化简直达到质变的程度了。

这样的改变对于知识界并不完全有利。效率的提高固然无可否认，但其中也包含了许多危险。这种新形势对于社会生活各方面的影响，我将留待最后一讲再谈。现在只说明这种次第进展的新形势，是这个世界思想发展的基础。

在 19 世纪中，有四个主要的新概念被介绍到理论科学中。当然，我们大有理由把概念的数目增列为远远超过四个。但我所要谈的，只限于从最广泛意义上对现代物理科学基础的建设有决定性影响的概念。

其中有两个概念是互相对称的，我预备一起来谈。我们所关心的不是其中的细节，而是它们对思想的最后影响。

第一个概念是：**所有空间都充满着物理作用场，即使显然存在着真空之处亦然。**这看法曾在许多不同形式之下被许多人想到了。记得中世纪有一句格言："自然界惧怕真空。"并且，17 世纪有一时期，笛卡儿的微粒漩涡说似乎已在科学假设中确立。牛顿相信引力是一介质中所发生的某种变化所引起的。但整体而言，18 世纪并未运用这些概念。光线的传播都用牛顿的方式解释，认为是由小的微粒在飞行；这当然就有真空存在的余地了。数学物理学家忙于推广引力理论的结论，根本没有功夫追究它的原因；他们即使思考了这个问题，也摸不到寻找这原因的门径。当时曾有人作过探讨，但是意义不大。因此，当 19 世纪开始时，物理事素充满所有空间的看法，在科学中并不受重视。这一看法由两个泉源得到复苏。第一是杨格（Thomas Young）与菲涅尔（Fresnel）所提"光的波动说"获得了成功。这样一来，空间中便需要充满某种东西才能产生波动；因而便提出了"以太"作为充满空间的精微物质。其次是电磁学说最后在麦克斯韦手中假定了一种形式，要求空间应充满电磁事素。麦克斯韦的完整理论直到 19 世纪 70 年代才形成。但有许多伟大人物如安培（Ampère）、奥斯特（Oersted）、法拉第（Faraday）等，都是这个理论的奠基人。根据当时流行的唯物论观点，这些电磁事素也须以一种物质作基础才能产生。于是以太又被搬出来了，接着，麦克斯韦证明了光波只不过是他的电磁波中的一种。因此，电磁波的理论并吞了光的理论。这是一种极大的简化，没有人怀疑其中的真理。但对于唯物论而言，却有一不幸的结局。因为就光本身来说，只需一种有弹性的简单以太就够了；但电磁波的以太则须有足以产生电磁事素的性质。事实上，这些假定在事素下存在的资料只是徒具虚名而已。假使你不是因为主张某种形而上学理论而假设有这种以太，你便大可以抛弃它。因为它没有独立的生命力。

因此，19世纪70年代便有几门主要的物理科学奠基于事先假定的"连续"（continuity）观念。但是，另一方面，"原子"（atomicity）观念也由道尔顿（John Dalton）提出，完成了拉瓦锡在化学基础上的工作。这是第二个大概念。**一般物质被认为是由原子组成的，而电磁效应则被认为是产生在一个连续的场中。**

这两大概念之间并没有矛盾。首先，它们虽是对称的，但除了特殊的具体情况，它们在逻辑上并不矛盾。其次，它们应用到的科学领域也各不相同：一在化学中，一在电磁现象中。当时，这两种概念合而为一的迹象极少。

物质的原子观具有悠久的历史。首先我们联想到德谟克利特（Democritus）与卢克莱修（Lucretius）。我若说这些概念是新的，那也只是相对的意思——这里所指的是18世纪这些概念被确定下来，形成科学的巩固基础这一阶段。讨论思想史时，必须把决定时代特征的真正思潮与偶然出现的不起作用的思想浪花区别开来。在18世纪，每一个受过良好教育的人都念过卢克莱修的书，而且也都具有原子的概念。但唯有道尔顿能使这概念在科学思潮中起作用；这种作用巨大的原子观，才是一种新概念。

原子观的影响所及还不止是化学。细胞之于生物学家，正

如电子、质子之于物理学家。除了细胞与细胞群之外，就没有
生物现象。细胞理论被介绍到生物学中，与道尔顿之提出原子
理论同时，而且彼此并无关系。这两种理论各自独立地体现了
同一个"原子观"的概念。生物细胞的理论是渐次形成的，只
要举出一些年代及人名就可以说明，生物科学成为有效的思想
体系只是近百年以来的事。1801年，比沙（Bichât）提出组织
理论；1835年，穆勒（Johannes Müller）描述了"细胞"，并说
明了有关细胞的性质与关系的各种事实；施莱登（Schleiden）在
1838年、施旺（Schwann）在1839年，最后确定了细胞的基本
特性。因此，大约到1840年，生物学与化学都建立在原子观的
基础上了。但原子观的最后胜利，尚有待这一世纪末"电子"
说的出现。还有一件事也说明思想背景的重要性；道尔顿完成
他的工作之后将近半世纪，另一位化学家巴斯德（Louis
Pasteur）借用了同一原子观的概念，进一步应用于生物学的领
域。细胞理论与巴斯德的工作在某些方面比道尔顿的学说更富
于革命性。因为它们把"机体"（organism）概念介绍到微生物
的领域中去了。当时曾有过一种倾向，要把原子当作仅能具有
外在关系的最后实体。这种看法被门捷列夫（Mendeleef）"原
子周期律"（Periodic Law）的影响否定了。但巴斯德指出了机
体概念在微生物领域中的决定性意义。天文学家给我们说明宇
宙有多大；化学家与生物学家则告诉我们宇宙有多小。现代科
学实践中，有一著名的长度标准。这标准相当小：若要取得这
长度，就须把一厘米分成一亿等分，然后取其一。巴斯德的生
物机体比这个长度大多了。但在原子方面，我们现在知道这个
长度对某些机体来说，还是大得很不相称。

　　除了以上的一对概念，这时期的另一对新概念皆与转化或

转变有关：一是能量守恒原理，一是进化论。

能量守恒原理是说明"量"在变化之下的恒存观念。进化论则说明由偶然因素而产生新机体的现象。能量理论属于物理学领域；进化论则主要属于生物学领域，虽然康德与拉普拉斯（Laplace）在讨论太阳与行星之形成时也曾提到过这种观念。

以上四大概念综合起来产生的效果，对科学进步形成一股新动力，使这个世纪的中期变成了科学成就的巅峰。眼光清晰的人（他们显然错了）这时便宣称：物理世界的秘密终于被揭穿了。假使你把不切实际的事物撇开，那么你的解释能力就是无限的。另一方面，头脑混沌的人则纠缠到最无法辩护的论点中去了。主张新方法的科学家打败了不顾决定性事实的独断主义。因此，这时除了技术革命所产生的惊人事实之外，又加上了科学理论所显示的惊人景观。社会生活的精神及物质基础，都在变化之中。到了这个世纪的最后二十五年，浪漫主义、技术与科学这三个灵感的泉源都起了作用。

接着，几乎是突然出现了一个停滞时期。在最后二十年中，这个世纪以第一次十字军东征以来思想舞台上最消沉的场面之一告终。它与18世纪相呼应，但却缺少伏尔泰与法国贵族纵情潇洒的风度。这是个讲求效率、沉闷而无趣的时期。它只祝贺着专家的成功。

但我们若回顾这一停滞时期，就会发现其中也有改变的迹象。首先，现代系统研究的状况就不容许有绝对停滞的现象存在。每一门科学都有非常踏实的进步，而且还是非常迅速的进步——虽然它只限于各门科学中已被接受的概念范围。这是一个正统科学胜利的时期，它没有在约定俗成的东西之外受到其他思想的干扰。

其次，我们现在可以看出：科学唯物论作为一种思想体系应用于科学中，已经不够完备了。能量守恒原理提供了一种新型的量的恒存。能量固然可以看成是附属于物质上的东西。但无论如何，"质量"概念已经渐渐失去了它的独特地位，不再是唯一终极恒存的量了。稍后我们可以发现质量与能量主客易位了；物质变成了一定量的"能"相对于其本身的某种动态效应而言的名称。这一系列思想引出一种观点，认为"能"是基本的，代替了物质的地位。但"能"仅是事象结构的量态名称；简言之，它必须依靠"机体发生作用"这一概念。问题是：若不涉及"简单定位中的物质"这一概念，是不是可以定义机体呢？往后我还会详细讨论这一点。

在电磁场方面也同样把物质推到幕后去了。现代理论假定这种场中发生的某些事象根本不直接依靠物质。通常都假设一种以太作为基础。但以太并未真正进入理论中。因此物质概念又一次失去了它的基础地位。同时，原子自身正转化为一机体，而进化理论也成了只是分析各种生物机体的形成与生存条件而已。诚然，在这晚期有一极重要的事实，就是各种生物科学的进展。这些科学基本上都是有关机体的科学。在当时以及现今，"较完善的科学典型"这一称誉属于物理学。因此，生物学便仿效物理学的方式。正统的观点有一看法，认为生物学只是条件较为复杂的物理机械论而已。

这观点有一困难，就是目前对物理科学的基础概念出现了混淆的看法。与此对立的生机论也具有同样困难。因为在生机论中，接受了机械论（我是指，以唯物论为基础的机械论）的事实，再加上一种解释生物体活动的生命力。我们可以清楚看到：各种似乎能应用于原子活动之物理学法则，在目前的情况下彼此并不协调。生物学援引机械论，从根源上说，就是援引在表达一切自然现象的基础上能得到确证的自相协调的物理学概念。但目前还没有这种概念体系。

科学正形成一种既非纯物理学、又非纯生物学的新面貌。它变成了对机体的研究。生物学研究较大的机体，而物理学研究较小的机体。这两大类科学之间还有一种区别：生物学的机体涵括了较小的物理学机体作为其组成部分；但目前尚无法证明物理学机体能分析成更原始的组成机体。这也许是办得到的。但我们总会碰到一个问题：是否有一种不能进一步分析的原始机体呢？我们很难相信自然界可以无限制地分析下去。因此，任何科学理论若抛弃唯物论，就必须回答这些原始实体的性质是什么。在这种基础上的答案只能有一个。我们必须从事件出发，把事件当成自然事素的终极单位。事件与一切存在皆有关，尤其与其他事件有关。事件的这种交互相关性是透过色、声、香、几何性质等"永恒所对"（eternal objects）的位态实现的；这些永恒所对是自然所要求的，但却不从自然中产生。它们形成某一事件的构成分时，将以限制另一事件的外观或位态出现。位态之间存在着相关性，而且位态也有模式。**每一事件都与两种模式相符：一是该事件将其他事件的位态摄入其自身的统一体；二是其他事件将该事件的位态分别摄入本身的统一体。**因此，非唯物论的自然哲学将把"原始机体"看成被摄入某一实在事件统一体的特殊模式的发生态。这种模式也包括该事件被摄入其他事件，因而使其他事件受到改变或局部决定的位态。因此，一事件便有内在的实在与外在的实在；亦即存在于本身范围之内的事件，与存在于其他事件范围之内的事件。因而，机体的概念便包含机体交互作用的概念。一般科学中关于传布与连续的观念，相对地说来，只是在时间与空间中实际观察这类模式时所看到的细节现象。我们在此所持的论点是：**一事件的关系就事件本身来说是内在的，亦即这些关系是构成事件本身的要素。**

在上一讲中，我们得出一个看法：实际事件是自为的达成态（achievement）；或者说，是不同实有由于在该模式中具有真正结合性，因而被摄入一个价值之中，并且排斥其他实有的过程。这不仅仅是不同的东西在逻辑上的结合。如此我们可以修订培根的一句话："一切永恒所对都将彼此相似。"这种实在性意味着每一种内在的本质（亦即每一种永恒所对本身）都关涉于某一以事件为其发生态的有限价值。但价值的重要性各有不同，因此每一事件对于事件群而言虽然都是必须的，但它所贡献的分量则由其本身内在之物所决定。现在我们需要讨论这种性质是什么。实际的观察指出，这种性质可以毫无区别地称为"保持、持续或重现"（retention，endurance or reiteration）。这种性质就是：在实在界的转变中，价值"恢复"原始永恒所对所具有的自我同一。如果整个事件重复前后相承的一系列组成部分所表现的某种形式，则价值的某种形式（或形态）便在该事件内产生重复现象。因此，无论你如何根据各组成部分在时间过程中的流变来分析事件，你总会看到同一个自为的事物。同时，事件在其本身的内在实在中，反映了体现在其整体内的同一模式价值从它本身的各部分所获得的位态。它就像这样在一个持续的个别实有的外貌下体现了自己，并在本身之中包含着自己的生命史。进而，这种事件反映在其他事件中的外在实在，也具有同一持续的个性；只是在这种情形下，个性是它的位态在组成环境的外界事件之中的重现。

这种事件的全部时间延续具有一种持续的模式，构成了它的外表的现在。事件在这种外表现在之下作为一个整体体现出来，同时，它也体现为自身各时段部分的许多位态的总和。在整个事件中，体现出来的是同一模式，这一模式由许多不同的部分，透过各该部分被摄入整个事件的整体性中的位态而表现出来。同一模式的早期生命史，也是由它在这整体事件中的位态表现出来的。因此在这种事件中，便具有一种它本身的主要模式的早期生命史的记忆，这种早期生命史在它本身的早期环境中构成了一种价值要素。一个持续事物内部具体包容的生命史，可以分析为两个抽象概念：一是持续实有作为实际事物产生出来，而对其他事物发生影响；另一是潜存的实现能力之个体化的体现。

对事件一般流变的探讨，引导我们分析了永恒的潜能，在这种潜能的本质中，存在着一种对一切永恒所对的展视（envisagement）。这种展视形成了产生个别思想的基础，那些个别思想作为"思想位态"被摄入更精微更复杂的持续模式的生命史中。在永恒活动的本质中，也必然和个别情形一样可以从理想的状态中，展视到从永恒所对的真实结合性中所产生的一切价值。这种脱离一切实在性的理想状态，是没有任何价值的，但作为目的中的要素则有价值。个别事件对这种理想状态的位态之个体化摄受所取的形式，就是个别具有内在价值的思维。这种价值之产生，是由于这时思维中的理想位态与事素过程中的实际位态，具有一种真正的结合性。因此，潜存的活动若脱离了实在世界的实际事物，便不具有任何价值。

最后，综合这一系列的思想来说，潜存活动若脱离体现的事实来观察，便具有三种展视。第一是永恒所对的展视；第二是永恒所对综合时可能具有的价值的展视；第三是实际事物必然进入整体状态的展视，这种整体状态在未来可能实现。但永恒活动若脱离实际性，就失去了价值。因为实际性就是它的价值。从持续客体上产生的个别知觉，将根据模式支配其本身道路的方式而有深浅的不同。它可能只代表最微弱的波澜，用以区别一般的潜能；也可能走到另一极端，进入有意识的思维，这思维包括：把各种理想结合性状态中所具有的价值之抽象可能性，提到自觉的判断面前。这两种极端之间的状态，则是环绕着个别知觉（不自觉地）展视某一当前的体现可能性而产生的；这一体现可能性从可摄受的实际位态来看，代表着最类似它本身的最近过去的形态。物理定律即代表这种独特的决定原则中所产生的发展的协调。因此，动力学就被"最小作用量"（least action）原理支配了，其中的详细性质必须透过观察才能得知。

物理学中所讨论的原子性的物质实有，就是这些个别的持续实有只看它们彼此在决定对方的生命史过程中的交互作用，而不看其他任何东西时的情形。这些实有一部分是继承它们本身过去的位态而成的。另一部分则是环境中的其他事件的位态所形成的。物理学定律就是揭示这些实有之间如何交互作用的定律。对物理学来说，这些定律是虚拟的，因为这种科学已经抽象地脱离实有本身的情况。我们已看到实有本身的情况可能受到环境的修正；因此，若一种环境与这类物理定律能适用的环境有很大的差别，而我们又认为同类定律在该环境中不必修正的话，那么我们的看法便非常不妥。就这些定律而言，物理实有可能在很重要的方面受到修正。它们还有可能发展成更基本的个体形态，并具有更宽广的展视。这种展视可能达到一种达成态，提出多种价值——其选择超出物理定律之外，只能用目的来表示。除了这种较遥远的可能性之外，还有一个直接的推论是：**个别实有的生命史，是更大、更深、更完整的模式的生命史中的一部分。个别实有的存在可能受较大模式的位态所支配，并感受较大模式本身所发生的修正——这种修正反映到个别实有，即成为其本身存在的修正。这就是机体机械论。**

根据这一理论，自然规律的进化与持续模式的进化是协调一致的。因为宇宙现存的一般状况，部分地决定了一些实有的本质，而这些实有的机能样态正是表现为那些规律。总的原则是：在新的环境中，就有旧的实有进化成新的形成。

以上我们迅速检视了彻底的自然机体论，现在便可以理解进化论的主要要求何在。19 世纪末叶停滞时期所进行的主要工作，就是科学各门类都吸收这种理论作为主要的方法论。当时许多宗教界的思想家曾盲目地反对这种新理论；这也可以说是对急躁、肤浅思想的一种惩罚。其实彻底的进化哲学与唯物论并不相容。原始的质料或唯物论哲学据为出发点的物质，是不能进化的。这种质料本身就是最后的实体。在唯物论看来，"进化"（evolution）一词等于是描述各部分物质之间的外在关系的变化。这样一来，可供进化的东西并不存在，因为一套外在关系与另一套外在关系分不出孰优孰劣。可能出现的只是无目的、无进步的变化。但现代理论的要义，在说明较简单的前期机体状态进向复杂机体的进化过程。因此，这里便迫切要求一种机体观念作为自然之基础。它也要求一种潜在的活动（实体的活动）表现在个别体现状态之中，并在机体达成态中发生进化。机体是价值发生态的单位，是为本身而发生的永恒所对性质的真正结合。

因此，在分析自然本身的性质时，就会发现机体的发生态依存于一种选择活动，这选择活动近似于目的。尤其是持续的机体在这种情形下便是进化的产物；而且在这种持续机体以外便没有能持续的东西。在唯物论看来，质料（如物质或电）是持续的。在机体论看来，唯一的持续性是活动的结构，而这种活动是进化的。

因此，持续的事物便是时间过程的产物，而永恒的事物则是这过程存在所需的要素。我们试以下列方式给持续下一明确定义：假定事件 A 充满了持续的结构模式。于是 A 便可以全部划分为在时间上前后相承的一系列事件。又假定 B 是 A 的一部分，并且是划分 A 而成的一系列事件中的一个，那么，持续模式便是 A 统一体所摄受的完整模式中的一个位态模式；同时也是 A 的任何一个时限片断（如 B）所摄受的完整模式之一。例如，分子是一分钟内产生的事件所表现的一个模式，同时也是这一分钟内任何一秒钟产生的事件所表现的一个模式。显然，这种持续模式的重要性可大可小。它可能只表现在这种情形下个体化的潜在活动的某些细小事实，但也可能表现某些非常紧密的关联。若一持续模式只是从外在环境的直接位态中导引出来，反映在不同部分的基点中，那么这种持续状态是一个不重要的外在事实。但是，若一持续模式完全是从该事件各个时限片断的直接位态上导引出来的，那么这种持续性便是一个重要的内在事实。它表现某种性质上的统一，统一了潜在的个体化活动。因此便有一持续的客体，对它本身及自然的其余部分都具有某种统一性。我们不妨称这类持续性为自然持续性。所以，自然持续性便是把一连串事件组成的历程中传递下来之某种性质的同一性，不断加以承继的过程。这种性质属于整个过程，而且也属于过程中的每一事件。这些恰好是质料的性质。如果某质料存在过十分钟，那么它在这十分钟之内的每一分钟都存在过，而且在每分钟的每一秒也存在过。如果你把"质料"看成基本的，那么，持续的性质便是自然秩序基础上一个虚拟的事实；但是，你若把"机体"看成基本的，那么这种性质便是进化的结果。

初看之下，一个自然客体既然具有承继其本身性状的过程，似乎就可以独立而不受环境之影响。但这种结论缺乏根据。假定 B 和 C 是这种客体的生命史中两个连续的时段，而且 C 承接着 B，那么 C 的持续模式便是从 B 继承过来的，同时也是从其他类似的早期时段中继承过来的。这种客体通过 B 而传递到 C。但传递到 C 的是从 B 事件中引申出来的完整位态模式。这种完整模式包括了环境对 B 以及对该客体生命史中其他早期部分的影响。因此，早期生命史中的全部位态，便作为在整个生命史的各个时期始终持续的部分模式，而被承继下来。所以，有利的环境对于自然客体的延续极其重要。

据我们所知，自然界有极大的持续性。其中有一般物质的持续性。地质学家所知道的最古岩石中的分子，可能已经毫无变化地存在十亿年了；它们不但本身没有变，而且相互之间的位置也没有变。在这样一段漫长的岁月中，以黄色钠光的频率振动之分子脉动来计算，总数大约：$16.3 \times 10^{22} = 163\ 000 \times (10^6)^3$。直到不久以前，原子看来还是不可分裂的。现在我们知道得较多，但不可分裂的原子似乎被不可分裂的电子与质子接替了。

还有一点必须解释的是，这些实际上不可分裂的客体何以彼此会这样相似？所有的电子彼此都是极其相似的我们也毋须超出证据的范围说它们完全相同；但我们的观察并不能发现任何差别。在这种意义下，一切氢核都是相似的。我们也看到了大量类似的客体，几乎俯拾皆是。看来一定程度的相似性是持续的有利条件。根据常识也可以得出这种结论。机体若要存在下去，就必须协调合作。

因此，进化机构的关键在于：必须有良好的进化环境，加上极其稳定的特殊持续机体的进化。**任何自然客体如果由于自身的影响而破坏了自己的环境，就是自取灭亡。**

若要造成一种有利的环境以适应个别机体的发展，最简单的方式是：使每一机体对环境的影响都有利于同一形态的其他机体的"持续"。同时，假使机体有利于同一形态的其他机体的"发展"，那么，你就取得了一种进化机构，适于产生上述状态中具有高度持续力的大量同类实有。因为环境自然地配合"种"（species）而发展，"种"也配合环境而发展。

首先我们要提出的问题是：有没有直接的证据，证明有这种持续机体之进化机构存在？在观测自然时，我们必须记住：它不仅仅有以永恒所对的位态为组成部分的基本机体；而且还有由机体组成的机体。现在，为了简单解释起见，我们先不提任何证据就假定电子与氢核是这种基本机体。那么，原子与分子便是较高形态的机体；它们也代表一种紧密确定的有机统一体。但是，当我们观察较大的物质集合体时，有机统一体便退到幕后去了。它看来是模糊而初型的，它确实存在，但模式是含糊而不明确的。它仅是一些效应的集合。当我们观察生物时，模式的明确性又恢复了，机体的性质便又突显出来。因此，无机物的典型定律主要是从混合的集体上得出的平均统计数。这些远不能说明事物的根本性质，反而模糊了个别机体的个体性质。我们若要解释有关机体的事实，就必须研究个别的分子及电子，或是研究生物体。在这两者之间，情况相当混乱。现在研究个别分子的困难是，对它的生命史知道太少了。我们无法对一个分子作连续不断的观察。一般说来，我们所研究的只是分子的大集合体。至于个别分子，只是有时由大实验家克服重重困难偶然瞥见了一眼；这样也只是看到了瞬时效应的一种形态。因此，个别分子或电子发生作用的过程，大都是无法观察到的。

但是在生物体方面，我们就能追溯每一个体的生命史。我们在这方面刚好找到所需要的那种机制（mechanism）。首先，这里有同一物种的个体繁殖物种的现象。同时对于各族、各类或果实种子的持续，也周到地提供了有利的条件。

然而，我显然把进化的机构解说得太简单了。我们发现生物还有共存物种，彼此互相提供有利的条件。因此，就像同一种之个体互相有利于对方，共存状态之种也互相有利于对方。在氢核与电子上，我们也发现初步的共存状态。那种成对的共存十分单纯，并且与其他敌对的种类又无竞争，这就说明了我们在氢核与电子间所看到的巨大持续性。

因此，自然界的发展机构中便包含了两方面：一是机体所适应的一定环境。19世纪的科学唯物论即着重这方面。从这种观点来看，生活质料的量是有一定的，因而只有极有限的机体能利用它。环境的固定性支配了一切，因此，科学的结论便是"生存竞争"与"自然淘汰"。达尔文（Darwin）本人的著作在严守直接证据及保存每一可能假说方面，在任何时代都足以成为楷模。但在他的弟子中，这种美德已不太显著，至于拥护这种学说的人就更等而下之了。欧洲的社会学家与政论家的思想都染上一种习惯，就是只把注意力集中在利益的冲突方面。当时流行的看法是：在决定商业利益与国家的利益行为时，如果完全抛开伦理观念，那就是一种极坚定的现实主义作风。

进化机构的另一面是"创生"（creativeness），这是被人忽略的一面。机体可以创生它自己的环境。在这一点上个别的机体无能为力。若要产生足够的力量，必须有机体合作的社群。在这种合作下，环境将产生与支付力量的大小相适应的可变性；这种可变性就将改变整个进化的道德面貌。

不久以前直到现在，都流行着一种混乱的看法。科学技术的进步使人类环境的可变性日益加强，但人们却用一种只在固定环境论中才能找到根据的思想习惯来解释这种可变性。

宇宙之谜不是如此简单。有一种恒存的位态，其中某种达成态永无止境地为着自身的缘故而复现。此外，也有变为其他事物（其价值可能较高，也可能较低）的转变位态，同时还有斗争及协调的位态。但是，浪漫主义式的残忍无情与自我否定，都和实际的政治相去甚远。

第七章　相对论

Relativity

在前面几讲中，我们讨论了科学运动的先行条件，并将思想的进展从 17 世纪追叙到 19 世纪。到了 19 世纪，思想史若依科学来分类，便汇集为三个部分。其一是浪漫主义思潮与科学的接触；其二是该世纪早期之科学技术与物理学的发展；其三是进化论加上生物科学的一般进展。

这整整三个世纪中，主要的情形是：唯物主义为科学概念提供了一个完备的基础。这方面实际上没有人产生怀疑。若需要波动的概念，便提出以太作为波动的资料。为了讲明这种说法所采取的全部假定，我概括提出了另一说法，即"自然机体论"。上一讲中我已指出生物学的进展、进化论的出现、能量理论与分子理论等，都迅速破坏了传统唯物论作为完备基础的地位。但直到 19 世纪末，还没有人作出这种结论。唯物论一直居于最高的统治地位。

现在这个世纪的情况是：关于质料、空间、时间、能量等概念都是众说纷纭，旧的传统假定的稳靠性已经消逝无踪了。很显然，它们不会保持牛顿遗留下来的那种形式，甚至也不会保持麦克斯韦遗留下来的那种形式。我们必须重新组织。现代思想新形势的出现，是由于科学理论超越了常识。18 世纪所继承的是有组织的常识的胜利。当时已经抛弃了中世纪的幻想与笛卡儿的微粒漩涡说。结果充分发展了宗教改革时期的历史革命所产生的反理性潮流。这种看法的基础，就在一般人肉眼可见或低倍显微镜所能看到的东西。它把需要测量的明显事物加以测量，并把需要概括的明显事物加以概括。例如，它曾概括一般关于重量与体积的概念。因为18世纪初期出现一种平静的信心，认为荒谬的说法终于被戳穿了。但是，我们今天却走到思想的另一极端。表面荒谬的东西明天是否会被证实为真理，只有天知道。我们实际上在重复着19世纪早期的某些情况，只是想象力的水平更高而已。

我们的想象力水平之所以会更高，并非因为我们具有更精微的思想，而是因为我们有了更好的仪器。在过去四十年中，科学界发生的最重要事件就是仪器设计的进步。这进步有一部分应归功于少数天才人物，如迈克逊（Michelson）与德国的光学专家。同时亦可推因于制造业（尤其是冶金业）技术过程的进步。现在设计者可以掌握各种物理性能不同的材料，因此他便有把握取得他自己所希望的材料，并可以在极小的公差范围内制成他所要求的型式。这些仪器使思想达到一个新阶段。一种新仪器就像一次外国旅行；它显示出事物的新奇组合。所得到的不仅是新添一些东西，而是引起了一种转变。实验方面发明创造的进展，也可能是由于国家有更多人才流向科学研究的结果。不论原因何在，近三十年来精微而富于天才的实验层出不穷。其结果是在那些与人类日常经验相去甚远的自然领域中累积了大量的资料。

有两个著名的实验可以说明我的论断：一是伽利略在科学运动开始时做的；一是迈克逊利用干涉仪在1881年首次完成，又在1887年与1905年两度重复所做的。伽利略从比萨斜塔上将重物坠下，证明了重量不同的东西只要是同时放下就会同时落地。从试验的技术与仪器的精密度来看，这个实验在以往的五千年中随时都可以做。这里所牵涉的概念只是重量及落下的速度。这在日常生活中都是非常熟悉的。克里特岛的米诺斯王族（the family of King Minos of Crete）从海岸边的城墙上把小圆石扔向海里时，就可能熟知这一整套概念了。科学是从组织日常经验出发的。这一点特别值得注意。唯其如此，它才会轻易地与那次历史性革命的反理性主义的成见结合起来。它不追究终极的意义，而只限于探讨那些支配表面事物的承接之关联。

至于迈克逊的实验就不可能在更早的时期内作出来。它需要技术上的一般进步，加上迈克逊在物理实验方面的天才。它要决定的是地球在以太中的运动；并且假定光线是由"波"组成的。这种波的振动可以在以太中以固定速度向任何方向传播。当然，地球是在以太中运动的，而迈克逊的仪器则随着地球运动。在仪器的中心有一道光被分开了：其中的一半"沿着"仪器走一段距离之后，再由仪器上的镜子反射回中心。另一半与前一半成直角地"横过"仪器走同样一段距离之后，也被反射回中心。像这样重新组合起来的光线被反射到仪器中的幕上。如果事先作了安排，就可以看到干涉带，亦即许多黑线——那是由于两个半道光线射到幕的某一部分时，路程的长度发生了微小的差别，因而使一道光的波峰填充了另一道光的波谷。这种路程上的差别将受到地球运动的影响，因为最后决定的标准是以太中的路程。因此，仪器既是随着地球运动，一半光线的路程将会由于地球运动的影响不同于另一半光线，而受到干扰。读者不妨设想自己在火车车厢里先沿着车身走一段，再横过车身走一段；然后请你在铁轨上把你的路程记下来，铁轨在这个比喻中就相当于以太。但地球对于光线而言，运动非常迟缓。所以在这个比喻中，你必须设想火车几乎是停下来了，而你自己则在很快地运动。

在实验中，地球运动的效应会影响到干涉带在光幕上的位置。你若把仪器转动一个直角，则地球对两个半道光线的效应就将互换，干涉带的位置也会移动。我们可以计算出由于地球绕着太阳运转而产生的微小移动。此外，太阳通过以太运动所产生的效应也必须加上去。仪器的精密性可以加以测验，我们也能证明这种移动的效果可以通过仪器观察出来。然而事实上却什么也观察不到。当你把仪器转过来时，并不产生任何移动。

由此可以推断：或是地球在以太中永远静止，或是这实验所根据的基本原理有错。在这个实验中，我们显然与米诺斯王的孩子们的游戏及想法相去甚远。以太、以太波、干涉、地球通过以太的运动，这些观念以及麦克逊的干涉仪等，都与日常生活中的经验距离很远。这些虽然较为疏远，但比起一般所接受的对于这个实验无结果的解释，还是要简单清楚得多。

这个解释的理由是：一般科学所运用的时间与空间概念都太简单了，必须加以修改。这种结论是对常识的直接挑战，因为早期的科学只是把一般人的普通概念加以精化而已。像这样彻底重新组合概念，除非能得到许多其他观察（详情在此无法细谈）的支持，否则是不会被人接受的。某种形式的"相对论"似乎可以用最简单的方式对许多事实进行解释。若没有这种理论，则每一事实便都需要一些特殊的实验才能说明。

相对论的解释主旨在于：本实验中所用的迈克逊干涉仪之类的仪器，必定会记录出一种结果，说明光速相对于它本身

（指仪器）来说具有同一固定的值。我的意思是：彗星上与地球
上的干涉仪都会记录出结果，说明光速相对于其本身（指这两
种仪）来说具有同一个值。这是显然说不通的；因为光通过以
太运动时有一定的速度，因此任何两个物体（如彗星与地球）
通过以太运动速度若不相等，则必然会使人预计它们相对于光
来说，也具有不同的速度。例如，有两辆车在路上行驶，一辆
时速十英里，另一辆时速二十英里。同时，还有另一辆车以每
小时五十英里的速度从这两辆车旁驶过，那么，最后这辆最快
的车将以每小时四十英里的速度驶过其中一辆，并以每小时三
十英里的速度驶过另一辆。这种情形在光来说便是这样：假如
我们用一道光来代替那一辆最快的车，那么它沿着路上传布的
速度，与它相对于它所超过的那两辆车中任何一辆的速度正是
相同。光速极快，每秒钟大约有三十万公里。我们对空间与时
间必须具有某些概念，使得这种速度刚好具有这种特性。由此
可见，我们关于相对速度的一切概念都必须改变。但那些概念
是我们关于时间、空间的习惯概念的直接产物。这样我们回到
原先的论点，就是说：我们通常对于时间与空间的说法忽略了
某种东西。

　　现在我们习惯的基本假定是赋予空间一种独特的意义，也
赋予时间一种独特的意义；因此，我们不论对地球上的仪器的
空间关系赋予什么意义，对彗星上及在以太中静止的仪器也须
赋予同样的意义。在相对论中，这一点被否定了。就空间而言，
你若想想相对运动的明显事实，便不难同意这说法。但即使在
此，意义的变化也比常识所能认定的要深刻。同样的要求也对
时间提出了。因此，计算事件的相对次序及事件之间的时间间
隔时，将会随着地球上、彗星上与以太中静止的仪器而有所不

同。这说法使我们易于轻信的头脑更加无法承受了。我们不必继续深究，只要提出结论就够了。就是说：由于地球与彗星的条件不同，时间、空间对两者便具有不同意义；因此，速度对两个星体也具有不同意义。总而言之，现代科学的假定是：任何东西相对于一种时间与空间的意义来说，如果具有光速，那么相对于另一种时间与空间便具有同样的速度。

这对于古典科学唯物论是严重的打击。古典科学唯物论预先假定有一确定的现在瞬时，一切物质在现在瞬时中都同样实在。现代理论则没有这种独特的现在瞬时。你在整个自然界都可以为"同时瞬间"这一概念找到意义；但对各种不同的时间概念来说，就将具有不同的意义。

有些人喜欢赋予这种新理论以极端主观主义的解释，亦即将时间与空间的相对性说成似乎可以由观察者自行选择。其实加入观察者解释起来更方便，那就完全正确。但我们需要的是观察者的身体，而非他的心灵。并且他的身体也只是用来作为一个极常见的仪器而已。总而言之，我们最好集中注意力在迈克逊的干涉仪上，而不牵涉迈克逊的身体和心灵。问题是干涉仪的幕下何以有黑带，当仪器转动时这些黑带何以不轻微移动。新出现的相对论将时间、空间空前紧密地结合起来了。它假定时间与空间在具体事物上的分割，可以通过许多不同的抽象样态来达成，同时也可以得出不同的意义。但每一种抽象样态都是把注意力导向自然界中的某种东西，因此便是将它分离出来以供思考。与这些实验有关的事实是：干涉仪仅仅与许多在自然实有中可以成立的"时—空"体系中之一种有关。

我们现在要求"哲学"对于时间、空间在自然中的地位问题提供一个解释，以便有可能保存各种不同的意义。本系列演讲不宜讨论细节；但我们还是不难找出时间与空间区别的起源。我事先假定的是自然机体论，我在前面已经把这种理论概述为彻底客观主义的基础。

"事件"就是将位态模式摄入统一体的过程。一个事件在本身之外的有效性，在于它的位态参与形成其他事件的摄受统一体。如果被反映的模式只是附属于一事件之整体，那么除了几何形状的系统位态以外，这种有效性是微不足道的。若模式在事件的相继各部分中持续下来，并在全体中显示出自己，以致使事件成了它的生命史，那么，事件便由于这持续的模式而获得了外在的有效性。原因是它本身的有效性被相继各部分的类似位态加强了。这事件形成一种模式化的价值，具有本身各部分内在的持续性。正由于这种内在的持续性，该事件对其环境之修正才显得重要。

正是由于这种模式的持续性，时间才与空间判然分别。这模式在空间中表现为"现在"；这种时间上的决定便构成了它对各部分事件的关系。因为，它在本身生命过程的这些空间部分的时间连续上，被重复地产生出来。我的意思是说：时间次序的这种特殊作用，容许模式在其本身历史的每一时段重复地产生出来。亦即是说：每一持续的客体在自然中发现并要求自然给予一个原则，将空间与时间分开。撇开持续模式的事实，这一原则也可能存在，但却是潜在而无足轻重的。因此，时间相对于空间的意义与空间相对于时间的意义，由于持续机体的发展而发展起来了。持续的客体表示空间在组成事件的模式上与时间发生了分化；反过来说，空间在组成事件的模式上与时间发生了分化，就表示事件对持续客体的"共体容忍性"（the patience of community）。共体没有客体可以存在，但持续客体如果没有对它们具有特殊容忍性的共体，就不可能存在。

这一点绝不可误解。持续性的意思是：一模式如果表现在一事件的摄受体中，便同时表现在该事件按一定法则分开的各部分的摄受体中。整个事件的任一部分却并不像整体一样，产生出同样的模式来。我们不妨看看人体在一分钟的生命过程所表现的整个身体模式。例如，某一大拇指在这一分钟中必然是整个身体事件的一部分。但这一部分的模式是大拇指的模式，而不是整个身体的模式。因此，持续便要求有一定的法则来取得各部分。在此例中，我们立即可以看出这法则是什么。在这一分钟的任何一部分中（如一秒或十分之一秒），我们都必须从整个身体的生命上着眼。换句话说，持续性的意义包含着时空连续区中一段时间的意义。

这里产生一个问题：是否所有的持续客体从时间上分化出空间时，都具有同一原则？或者说，同一客体在本身生命史上的不同阶段中，分化"时—空"关系的原则是否完全一样？

直到几年以前，人们都毫不犹疑地假定：可能找到的只有一个这样的原则。因此，从时间相对于某一客体的延续性来看，就将与相对于另一客体的延续性具有同一意义。同时，空间关系也就必然仅仅具有一种意义。如今看来却不然；客体被观察到的有效性只能这样解释，亦即假定：作相对运动的客体，在其持续性上所运用的时间、空间之意义，是随客体而异的。每一持续客体都被认为是停留在本身应有的空间中，它运动时所通过的任何空间都不是其特殊持续性所固有的空间。若两个客体彼此相对地都处在静止状态，则它们在表示其持续性时，便运用着同一意义的时间与空间。但若彼此作相对运动，则其时间空间即各不相同。因此，当我们看到一客体在其生命史的某一阶段，是在相对于其生命史的另一阶段作运动时，则这客体在这两种不同阶段中便运用了不同的空间意义，而时间的意义也相应地有所不同。在机体论的自然哲学看来，主张单一时间区分的旧假设，与主张多种时间区分的新假设之间并无差异。那仅是从观察中取得证据的问题。

我在前一讲中，曾谈到一事件有与它同时发生的其他事件。这里出现一个有趣的问题；在新的假设下，是否可以不修改对某一确定时空体系的看法而继续这么说呢？在"某一"时间体系下两个事件同时发生，这是可以办得到的。至于在另一时间体系下，这两个同时发生的事件虽然可能部分重复，但却不会是同时的。假如在"每一"时间体系下，某事件经常处在另一事件前面，那么它就可以无条件地处在前面。假设我们从某一既定事件 A 出发，一般说来，其他事件就分成两类：一类是无条件地与 A 同时，另一类是在 A 之前或在 A 之后。但此外还有一类，就是把以上两类连接起来的事件。在此出现一种临界状态。诸位还记得我们有一个临界速度必须加以说明，即光在"真空"中的理论速度①。同时，诸位也记得，运用不同的"时—空"体系就意味着客体的相对运动。当我们分析了某一套事件对任何既定事件 A 的临界关系时，便找到了我们所要求的临界速度的解释。我们且撇开细节问题不谈。显然，确切的叙述要加入点、线、瞬间才能办到。同时，几何的来源也须加以讨论，如长度的衡量、直线的直、平面的平，以及垂直性等。这方面的探讨，我曾在关于广延的抽象概念的书中论及；在此

---

① 不是光在重力场或在分子量子所组成的介质中的速度。——此类注释为原注，下同，不另标出

无法讨论这些过于专门的问题。

假使距离之几何关系没有确定的意义，则引力定律就须另作叙述。因为表达这一定律的公式是：两微粒之间的引力，等于其质量的乘积乘以其距离的平方的倒数。这种说法，事实上假定引力被考察的那一瞬间有确定的意义，其"距离"也具有确定的意义。但距离只是一个纯粹的空间概念，在新理论中将根据所采取的"时—空"体系的不同而有各种不同的意义。假使两个微粒相对地处在静止状态，则我们可以满足于两者共有的"时—空"体系。但若两者相对地不处于静止状态时，这说法就没有提出应采取什么步骤。因此，我们必须重新制定这一定律，使它不预先假设任何特殊的"时—空"体系。爱因斯坦做到了这一点。当然，这样做的结果是更加复杂的。他把纯数学中的某种方法介绍到数学物理中，使公式不必依靠任何特殊度量体系。这一公式提出了许多牛顿公式中所没有的细微效应。但在大的效应上，牛顿定律与爱因斯坦定律是相吻合的。爱因斯坦定律所增加的效应可以解释水星轨道的不规则情形，牛顿定律则无法解释。这点有力地肯定了新理论。奇怪的是，根据多种"时—空"体系的新理论，能包含牛顿定律而又能解释水星运动特征的公式并不止一个。选择的方法，须在各公式发生差异的那些效应得到实验的证据之后才能决定。自然界可能完全不在乎数学家的审美要求。

附带应说明一点，爱因斯坦很可能反对我刚才向诸位解释的多种"时—空"体系。为了解说它的公式，他可以用"时空歪曲"（contortions of space-time）改变了量度性质不变的理论，以及每一历程都有固有的时间等说法。他现在的叙述方式在数学上说来更简洁，但只容许一种引力定律，而排斥了其他定律。不过，我个人还是认为它无法和我们经验中关于同时性及空间排列的事实相调和。并且，还有其他性质更抽象的困难。

至于事件间的关系，我们现在所得出的理论，首先是根据一种原理，认为事件的关联性在一事件本身而言完全是内在关系，但是在其他关系对象则不尽如此。譬如说，其中牵涉的"永恒所对"便只和事件具有外在关联。这种内在关联性说明了何以一事件只能在它本身所在的地方，并且出现它在本身所呈现的情况——换句话说，它只能处于一套固定的关系中。由于每一种关系都参与到事件的本质里，所以离开这种关系，事件甚至就不能成为其本身了。内在关系这一概念的意义正是如此。一般人往往普遍地认为"时—空"关系是外在的。这里所否定的正是这种关系。

内在关联的概念需要把一个事件分成两个因素：一是个体化的潜存实体活动，一是被个体化活动所统一的位态的综合——立即进入该事件本质中的关联性的综合。换句话说，**内在关系的概念需要将"实体"看成是：把关系综合到自身的发生态性质中去的活动。事件所以能成为事件，就是因为它把各种关系综合到本身之中去了。**这种相互关系的一般格架是一种抽象概念，它假定每一事件都是一个独立的实有（实际上并非如此），然后再问这种构成关系还有哪些剩余部分以外在关系的方式存留下来。像这样全面地表现出来的关系格架，变成了事件综合体的格架，其中具有各种不同的关系：有些是整体与部分的关系，有些是各部分在一整体中连合起来的关系。即使在此，内在关系还是迫使我们非注意不可；因为很显然，部分是组成全体的因素。同时，一事件如果在所有的事件综合体中失去了地位，而成为孤立事件，那么它就被本身的性质所排斥而不再成为事件了。因此很显然，整体对于各部分具有组成作用。而关系的内在性，也确实透过这全面的抽象外在关系格架才表现出来。

但是，当我们对有广延及可分割的实际宇宙作这种表现时，就抛开时间与空间的区别了。事实上也抛开体现的过程了；这过程就是各种事件借以体现其自身的综合活动之调整。因此，这种调整便是潜存活动实体的调整，这些实体由于这种调整而表现出个体化或斯宾诺莎唯一实体的样态。同时，时间过程也是由这种调整引起的。

因此，就某种意义看，时间在综合体现过程中的调整性质上，超越了自然的"时—空"连续区范围。在这种意义下，时间过程并不一定由一条单线式的连续过程组成。因此，为了满足现代科学假设的要求，我们将提出一个形而上学假设，说明时间不是这样组成的。我们根据直接观察，假定体现的时间过程可以分析成一群线状的过程。每一个线状过程都是一个"时—空"体系。为了支持这种确定线状过程的假设，我们将援引以下事实：（1）我们体外有广延的宇宙，透过感官直接呈现在我们面前，并与我们"同时"存在；（2）对于感性认识领域以外"现在直接发生"什么现象的问题，具有理性上的理解；（3）发生态客体的"持续性"中，包含的内容的分析。客体的这种持续性中，包含了现在所体现的模式之展示。这展示是事件固有模式的展示，也是使永恒所对获得位态的自然界时段的展示。同时，也可以说是永恒所对使事件获得位态。模式进入一事件的本质后，就为这事件的利益而在整个时间延续中空间化。这事件是整个延续中的一部分，亦即是本身固有位态所展示的一切中的一部分；反过来说，延续便是与事件同时存在（在上述意义下的同时）的整个自然界。因此，事件体现其本身时展示出一个模式，这模式需要一个由意义肯定的同时性所决定的确定延续。这种同时性的每一种意义，都把这样表现出的模式与一确定的"时—空"系统联系起来。"时—空"体系的实际性是由模式的体现构成的；但它被包含在事件的总格架中，构成它对体现的时间过程的容忍性。

在此应注意：模式所需要的延续牵涉到一定长度的时间，而不仅是一个瞬间。这样的瞬间是更加抽象的，因为它只表示具体事件之间某种连接关系。如此一来，延续就空间化了；所谓"空间化"是说：延续是被实现的模式构成事件性质的场所。延续作为其本身所包含的某一事件实现时所体现的模式之场所，便是一个时期，或滞留期。而持续则是模式在一系列事件中的重现。因此，持续需要一系列各自表现模式的延续。由于这缘故，"时间"就从"广延"及"可分性"分离出来了，这种可分性是从广延的"时—空"性上产生的。因此，我们不能把时间看成广延性的另一形式。时间仅是时期性延续的连续。但因此而互相承接的实有则是延续。延续就是模式在某一特定事件中体现时所需之物。因此，可分性与广延性便包含在某一特定的延续中。时期性的延续不是"透过"其"相继的"各可分部分实现的，而是"随着"各部分产生的。若芝诺（Zeno）在世，可能会对康德《纯粹理性批判》（*Critique of Pure Reason*）一书中某两段文字联起来的真确性提出反对；但在这种方式之下，他的反对便会由于抛弃前一段而解决了。这两段文字都在"直观之公理"一节中，第一段引自"广延的量"，第二段引自"强弱的量"，后一小节总结了有关广延及强弱的量之一般讨论。第一段的原文是：

　　所谓广延的量，是指部分之表象使全体有表象之可能，"因而部分之表象必然先于全体"。当我欲表现一直线时，若不在思维中引长之，即由一点逐次产生其一切部分，则无论其如何短小，我亦无法表现。唯有这一方法，始能得其直观。关于一切时间，不论如何短暂，其理亦正相同。因在这种时间中，我只能思维自一瞬间至另一瞬间之延续的进展，经由一切的时间部分及其所增加者，才产生一定的时间量。

第二段是：

　　所谓量的连续性，是指其中无一部分能为最小者，亦即无一部分为单纯不可分者。空间、时间都是连续的量，因为空间、时间之部分皆必包围于限界（点与瞬）之内，"而这些部分本身仍为一空间一时间。因此空间由多数空间组成，时间由多数时间组成。点与瞬只是限界"，亦即纯为限制空间与时间之位置而已；但位置"常预先假设"有其所限制或决定之直观。只靠那些先于时间、空间的位置或部分，是绝无法构成时间、空间的。

若"时间与空间"是广延的连续区，则我完全同意第二段引文；但这说法与康德的前导者互不相容。因为芝诺将提出反对说：其中有一个无止境的循环论证。每一部分时间都包含着本身更小的部分，像这样一直推论下去是没有止境的。这一系列的过程最后将追溯到无。因为开始的瞬间是没有延续的，只标示着与更早时间的连接。因此，若同时接受以上两段引文，则时间不可能成立。我个人是接受第二段而抛弃第一段。体现就是时间在广延范围内的实现。广延是事件以其潜能形态而存在的综合体。在体现过程中潜能变成现实。但潜在模式需要延续；而延续则由于模式的体现必然表现为一整个的时期。因此，时间便是可分而连接的要素本身之连续过程。延续变成时间性的延续时，就引起某种持续客体的体现。时间化就是体现。时间化并不是另一种连续过程。它是一种原子式的连续。因此，虽然时间化的东西是可分的，但时间本身则是原子式的（亦即成为一个个时期的）。这种理论是从事件的理论与持续客体的本质中推论而得的。下一讲我们将讨论它与科学界晚近出现的量子论的关系。

值得注意的是：时间的时期性这一理论并不依靠现代相对论，若撇开相对论它也照样能成立，甚至更为简洁。它所依靠的是：事件作为最具体的有限实有时之内在性质的分析。

总结以上所论，首先应注意的是：它所根据的第二段康德的引文，并不依靠任何康德的特别理论。这一段引文符合于柏拉图而反对亚里士多德。其次，这一说法假定芝诺了解自己的论证。他应该反对的是关于时间本身的流行见解，而不反对运动——运动所牵涉的是时间与空间之间的关系。因为一切实现的东西都有延续。（根据康德的前一说法）任何延续在其本身的部分没有成为现实以前，它就不能实现。但同一说法也能应用于这些部分，并依此一直推下去。这无限的过程也同样归于无——甚至符合亚里士多德的看法，没有第一瞬间存在。如此，则时间将成非理性的概念了。第三，在时期说中，若把时间化看成整个机体的体现，则芝诺的难题亦可迎刃而解。这种机体是将整个"时—空"连续区的"时—空"关系（不论在本身之内或本身之外）一起包括在本质之中的事件。

第八章　量子论
The Quantum Theory

　　相对论备受各方瞩目，那是理所当然的。它虽然重要，但却不是近来吸引物理学界兴趣的主要论题。量子论无疑地占据了这一地位。这个理论中有趣的地方在于：根据这一说法，某些可以渐增渐减的效应，实际上都是以某种明确的跳跃方式增减的。就好像说：你能每小时走三英里或四英里，但却不能走三英里半。

　　上述的效应牵涉到分子受到碰撞时所激起的发光现象。光是由电磁场的振动所产生的波组成的。当一个完整的波经过了某一点，那一点上的一切东西便又恢复原状，准备接受随之而来的第二个波。诸位不妨设想海洋里的波，算算一个接着一个的波峰。在一秒钟之内通过某一点的波数，就是这一波动体系的频率。具有一定频率的光波体系，就相当于光谱中的一定颜色。当一个分子受到激发时，便以几种固定的频率振动。换句话说，分子振动有一套固定的方式，而每一方式都有一个固定的频率，它能在电磁场激起与它本身频率相同的波。这些波带走振动的能，所以当它们形成之后，分子也就失去了激发的能，波也随之停止。因此，分子可以辐射出一定颜色的光，亦即可以辐射出一定频率的光。

　　诸位或许会认为：每一种振动的方式都可以激发到任何强

度，因而这种频率的光便可以带走任何量的能。其实不然，似乎有一种最小量的能是不能再分的。这情形就像是一个美国人用美金付款，他无法把"分"分成更小的单位来支付他所得到的最小分量的货物。分币相当于光能的最小量，取得的货物相当于激发因素的能。这种激发因素或是强到能发射一分钱的能，或是根本无法发射任何能。无论如何，分子都只能发射整数分币的能。还有一个特征可以借英国人来解释。若用英镑付款，其最小单位是法寻（farthing）*。法寻的价值与分币不同，大约只有半分。在分子中，不同的振动方式有不同的频率。我们可以把每一种方式都比作一个国家：一为美国，一为英国。那么一个方式只能以整数分币的量辐射出能，因而一分钱的能便是它所能付出的最小量。另一个方式则只能以整数法寻辐射出能，因而一法寻的能便是它能付出的最小量。此外，我们也可以找出法则来算某一方式中一分钱的能与另一方式中一法寻的能之相对价值。这一法则简单得连小孩子都知道，因为每一个最小钱币的能的价值，与该方式中的频率是严格地成比例的。根据这一法则来比较法寻与分币，美国频率将等于英国频率的两倍。换句话说，美国人在一秒钟之内所能做的工作等于英国人的两倍。至于这种情形与传统中的两国人的性格是否相同，就要让大家去评断了。最后还有一点：太阳光谱的两端都被认为有一定作用，有时人们需要红光，有时则需要紫光。

我想，量子论关于分子的叙述并不难理解。混乱的产生，是由于把这个理论硬套到科学上关于原子分子内部情形的一般描述而来的。

---

* 一便士的四分之一铜币。

　　唯物论的基础是：自然界的事物应当用物质的空间运动来解释。根据这一原则，光波便要用物质性的以太的空间运动来解释，而分子的内部情况则须以分立的物质所组成的部分之空间运动来解释。现在关于光波方面，物质性的以太退到幕后的不稳定地位，已经很少被人谈到了。但把这一原理应用到原子上，则尚未受到怀疑。例如，一个中性的氢原子被认为至少是由两团物质组成的：一团是包含着正电的物质的核，另一团是构成负电的单个电子。有迹象显示核的结构是复杂的，并说明可以再分为更小的物质团——有些成为正电物质团，有些成为电子物质团。这个假设的意思是说：原子中不论发生什么振动，都应归结到可以从其余物质上分离出来的一小片物质之振动式的空间运动。根据这假设，量子论的困难在于：我们必须把原子描绘成具有有限数目的凹槽以作为振动发生的唯一轨道。然而，古典科学的描述却没这种凹槽。量子论所求的是路线有限的电车，而科学的描述却只能提供在原野上奔驰的马。结果，物理学上的原子理论，很像哥白尼以前天文学上的本轮说（epicycles）。

　　根据自然机体论，便有两种完全不同的振动。一是振动式的空间运动，一是振动式的机体变形。这两种变化的条件是不同性质的。换句话说，一种是整个模式的振动式的空间运动，另一种是振动式的模式变化。

　　机体论中的完整机体，相当于唯物论中的质点。有一种原始的"类"，包含着若干"种"机体；凡是这原始类中的种所包含的机体，都不可分解为次级的机体。这些机体我都称之为"原始体"。所以，我们将有许多不同种的原始体。

　　我们必须记住，现在谈的是物理学的抽象概念。所以，我们心目中所想的便不是摄受具体位态而形成模式的原始体本身，也不是原始体的具体位态被摄受在环境内的关系。我们想到这些位态的，只是它们对模式及空间运动，发生可以用"时—空"关系表达的效应时的情形。因此，在物理学来说，原始体的位态只是它加到电磁场中去的东西。事实上，这正是我们所知关于电子与质子的一切。在我们看来，电子仅是它在环境中有关电磁场的位态模式。

我们在讨论相对论时已可看出：两个原始体的相对运动，只是意味着它们的机体模式正在利用不同的"时—空"系统。若两个原始体不继续处于相对静止，或作相对等速运动，那么其中至少有一个是在改变它内在的"时—空"系统。运动定律所说明的是这些"时—空"系统发生改变的条件。振动式"空间运动"的条件，便以这种普遍的运动定律为基础。

但有几种原始体在导致"时—空"系统改变的条件下，常常发生分裂。这些种只有在不同种的原始体之间造成有利的联合，以便让分裂的趋势被联合的环境抵销，它们才能具有长期的持续性。我们可以设想：原子核包含着大量不同种的原始体，其中有些原始体属于同一种，整个联合便有利于稳定。带正电的原子核与带负电的电子组成中性的原子，便是这种联合的例子。中性的原子像这样就隔绝了电场——在其他情形下，电场会在原子的"时—空"体系中引起变化。

物理学的要求，提供了一个与机体哲学非常配合的概念。现在且以问答方式来说：持续性的机体论是否受到唯物论的熏染，以致毫无疑问地认为持续性必然意味着在有关的生命史中始终不分化的同一性呢？诸位或许注意到，我在上一讲中曾把"重现"当成"持续"的同义语使用。这两个词的含义显然不尽相同；现在我要指出，"重现"与"持续"发生差别的地方，正是重现更接近机体论要求的地方。这种差别正好相当于伽利略派人物与亚里士多德派人物之间的区别。亚里士多德说"静止"的地方，伽利略正好加上"或者是直线等速运动"。因此，在机体论中，模式也不一定要在时间过程中维持不分化的同一性。模式可能是一种审美的对照，需要一段时间来展示自己。音调就是这样一种模式。在此，模式的持续便是对照的连续重现。这显然是机体论中最普遍的持续概念。"重现"一词也许最能直接表达这一概念。当我们把这一概念转化为物理抽象概念时，它就即刻变成了关于"振动"的专门概念。这种振动不是振动式的移动，而是机体变形的振动。现代物理学中有人指出：必须有振动实体，才能解释物理世界基础中之微粒机体的作用。这种微粒就是从原子核中被排斥出来时所看到的那种微粒，排出后就变成了光波。我们或许会猜想：这样一个微粒单独存在时，它的持续性并不稳定。因此，任何不利的环境都将使它固有的"时—空"体系迅速变化；亦即，这种环境把它冲击得具有猛烈的加速度，使它分裂而化为同一振动周期的光波。

质子甚至电子，都可能是这种原始体互相叠加的组合，当这些原始体被冲击得具有移动的加速度时，其频率与空间度数就能促进有机综合体的稳定。稳定性的条件，将使周期的联合可能产生质子。排斥原始体的冲击力，如果不使质子变成另一种组合，就是由于吸收了这种能而产生另一种原始体。

原始体的振动式机体变形必然具有确定的频率，所以在分裂时就能分解为同一频率的光波；光波则将其平均能量全部携走。（作为一个特殊假设来说）不难想象出具有确定频率的电磁场的驻波振动。这种波环绕着一个中心往复辐射。根据公认的电磁定律，这电磁场将包括一个振动的球形核，以满足某一套条件；以及一个振动的外场，以满足另一套条件。这就是机体振动变形的例子。（根据这一特殊假设）有两种决定辅助条件的方式，可以满足数学、物理学的一般要求。依其中一种方式，全部的能可以满足量子条件，因此便包含着整数的单位或分币，而原始体每一分钱的能则与其频率成正比。以上我并未描述出稳定性或稳定组合的条件，我提到这个特殊假设时，只是举例说明自然机体论使我们有可能重新考虑基本的物理定律，而与此相反的唯物论则不能如此。

在这种振动原始体的特殊假设中，麦克斯韦方程式被认为在所有的空间（包括质子内部）都能适用。这些方程式表示了，在振动的方式下产生吸收能的定律。每一原始体所经历的全部过程，都产生某种本身所特有的，并与其质量成比例的平均能量。实际上，能量即是质量。在原始体内外，都有振动的辐射能流。原始体内，电的密度作振动式的分布。根据唯物论，这种密度标示了物质的存在；但根据机体振动论，则标示了"能"在振动的方式下产生。这种产生方式只限于原始体内。

所有的科学都须将自身研究的事实作一最后分析，并将关于这种最后分析的假定作为自身的出发点。这种假定之所以成立，一方面由于符合我们直接看到的各种事素，另一方面也由于它能不靠特殊假设，而用一定程度的普遍性表示被观察到的事物。前面概述的原始体振动的一般理论，只是举例说明机体论对物理科学提供了何种可能。重要的是，这理论在单纯的空间运动之外，还增加了机体变形的可能。光波即是机体变形的重要例证。

天文学在 16 世纪从本轮说的状态中解放出来；不论任何时

期的科学假设，若表现出本轮说的征候，都将站不住脚。现今
物理学正表现出这样的征候。为了重新考虑它的基础，必须回
到对真实事物性质的更具体的观点上去，必须把它的基本概念
看成是从这种直觉中得出的抽象概念。物理学正是以这种方式
来探讨摆在眼前的修改之一般可能性。

量子论所提出的不连续概念，要求物理学概念作一次修改
以便能配合它。尤其现在已经指出：我们需要一种解释"不连
续存在"的理论。我们所要求于这一理论的，是电子的轨道可
以被视为一系列分立的位置，而不是一条连续的线。

上述的原始体或振动模式的理论，加上前一讲所说的时间
性与广延性的区别，刚好能得到这个结论。诸位还记得：事件
综合体的连续性来自广延关系；而时间性则来自一个模式在主
体事件中的体现——这模式的展现需要以事件中的位态所赋予
的方式，将全部延续空间化（亦即滞留）。因此，体现经由一系
列时期性的延续而进行；连续的转变（即机体变形）则是在已
经提出的延续之内实现的。振动式的机体变形实际上就是模式
的重现。一个完整时间，就是完整模式所需要的延续。因此，
原始体便是原子式地在一连串的延续中实现的。每一延续都应
从一极点到另一极点来加以量度。因此，原始体作为一完整的
持续实有来看时，便将连续地分配在这些延续上。若把它看成
一物，则图上表示的轨道便成了一系列分立的点。因此，原始
体的运动在时间与空间中便是不连续的。我们若深入时间量子
（即原始体一系列的振动周期）之下，就会发现一系列振动的电
磁场，每一电磁场在其本身延续的"时—空"内都是稳定的。
这些场各自表现出一单独完整的电磁振动周期；这种振动即构
成了原始体，但它不能被视为实在之体现，而只能被视为原始

体之一种不连续的体现状态。原始体借以体现的相继各延续本身是连接的。因此,原始体的生命史可以表现为电磁场中事素(occurrences)的连续发展。但这种事素是以占据一定时期的整个原子团的方式体现的。

所谓时间是原子式的,我们不必理解为所有的模式都须在同一系列的延续中体现。首先,即使两个原始体的周期相同,体现的延续也可能不同。换句话说,这两个原始体可能同时而异相。若是周期不同,则任一原始体延续的原子化,就必然会被另一原始体延续的边界瞬间所复分。

原始体空间运动的定律,说明了原始体在什么条件下将改变其"时—空"体系。

我们不必继续深究这一概念了。振动存在的概念,必然完全根据实验而得。这个例子旨在说明:此地所采取的宇宙,与物理学方面所提出的不连续性要求完全相符。我们若接受这看法,认为时间化是一系列时期性延续的体现,则将可以避免芝诺的难题。我们在此为这个概念所提出的特殊形式,只是用来说明问题的;在它能够适用于实验物理学的结果以前,必须重新加以拟定。

第九章　科学与哲学
Science and Philosophy

在这一讲中，我想谈谈科学对近几世纪以来哲学思潮的影响。我无意把近代哲学史勉强在一次讲完。我要说的只是，科学与哲学在本系列演讲所讨论的思想体系中的接触。因此，全部德国唯心论思潮都将撇开不谈，因为从互相修正对方的概念来看，这思潮对同一时期的科学并无影响。康德是这一思潮的先驱，他的心中既充满了牛顿物理学，同时也充满了法国发展牛顿思想的大物理学家如克莱罗（Clairaut）等人的理论[①]。但是发展康德派思想的哲学家，或者把这派思想转变成黑格尔主义的学者，他们有些是缺乏康德的科学知识基础，另一些人如果不专治哲学，也缺乏康德那种成为伟大物理学家的潜力。

近代哲学的起源与科学相似，而且同时并生。它的总趋势是在 17 世纪奠基的，其中一部分就是由建立近代科学原理的那些人确立的。15 世纪的过渡时期刚刚过去，目标就确定了。那时欧洲实际上有一普遍思潮，推动着宗教、科学与哲学一起前

----

① 参看康德《纯粹理性批判》的《先验分析》一章中"经验类推"的"第二类推"小节中，说明康德阅读科学书籍的古怪例证，那儿他提到毛细作用。那是不必要的复杂说明，随便拿桌上一本书作例证就够了。但这题目当时刚刚由克莱罗在《地球的外形》（*Figure of the Earth*）一书附录中作了第一次充分讨论。康德显然读了该附录，并且颇有印象。

进。简单说来，这是继承中世思想形态的人直接回溯希腊灵感的泉源。因此，当时并未复活希腊思想。时代不是从已死的东西中产生的。使希腊文明重获生命力的美学与理性原理，都披上了近代思想的新衣。在希腊与近代之间，还有许多其他的宗教、法律系统、无政府状态、种族传统等等，把方生的与已死的隔开了。

哲学对于以上所说的区别非常敏感。因为，古代的雕刻可以复制，但古代的思想状况却不可能复制。思想的复制品充其量不过像是化装舞会与实际生活之间的关系而已。人们对于古代可能有所理解，但古代与现代对于同一刺激的反应却不相同。

在哲学这种特殊情况下，色调的区别只限于表面。近代哲学富于主观主义的色彩，这一点与古人客观主义的态度是对立的。宗教中也有同样的变化。在基督教会的早期历史中，神学的兴趣集中于上帝的性质、上帝降生为人、启示录对世界最后命运的预言等问题的意义上。在宗教改革时期，教会由于信徒对"成义"问题的个人经验的讨论而发生分裂。个别的经验主体代替了现实的全貌。路德（Luther）问："我如何成义？"近代哲学家问："我如何获得知识？"这两个问题重点都在经验的主体身上。这种观点的转移，是基督宗教在管理信徒团契的牧民工作上造成的。因为历代以来它都坚持个人灵魂的无限价值。因此，在人类物质欲望方面本能的自私观念以外，又加上了认为在理智见解上亦应有自私观念的本能感觉。每个人都是他自身价值的天然保护者。无疑地，近代这种注意方向所强调的是最高价值的真理。例如，在实际生活中废除了奴隶制度，使一般人思想中留下了基本人权的观念。

笛卡儿在《方法论》（*Discourse on Method*）与《形而上学沉

思》中以最清晰的方式，揭示了日后影响近代哲学的一般概念。例如，接受经验时必然有一主体，在《方法论》中这主体总是用第一人称，亦即指笛卡儿本人。笛卡儿把自己当成一种思想状态出发，这种思想状态由于意识到自身固有的感官与思想的表象，因之便意识到自身作为一个统一实有的存在。往后的哲学史便环绕着笛卡儿有关第一实有的说法而发展。古代世界的立足点是整个宇宙现象，近代世界的立足点则是灵魂的内在现象。笛卡儿在《形而上学沉思》中把这种内在现象的存在，建筑在错误的可能性上。它可能与客观事实根本没有对应的关系；因而必然有一种具有活动的灵魂，其实在性只能从本身导引出来。例如《形而上学沉思》第二篇中说：

> 但也可以说这些表象都是假的，我只是在做梦。就让它是这样吧。无论如何，我似乎是看见了光，听见了声音，感觉到热，道不可能是假的。恰当说来，这在我身上就是所谓的知觉，而知觉不外乎思想。由此开始，我对自身的存在便知道得比以前更清晰、更明了了。

同书第二篇中又说：

> ……正如我以前说过的，我们感知及想象的东西，也许离开我就根本不存在。然而我却确信我所说的知觉及想象这类的意识形态，作为意识形态而言是存在于我身上的。

中世及古代世界的客观主义传入科学中来了。在这种观点下，自然被认为是自为的（为己而存的），其中包含着自身的交互作用。最近在相对论的影响下，又有走向主观主义说法的趋势。但除了近来这种例外情况之外，科学思想中拟定自然定律时，根本不曾提到依据个别观察者的问题。但对待科学的新旧两种态度，还有这样的区别。近代的反理性主义，否定了一切将终极的科学概念与对全盘现实界更具体的观察所得到的概念，调和起来的想法。物质、空间、时间以及各种关于物质变形的规律，都被认为是最后的顽强事实，根本毋须再加研究。

这种反对哲学的态度，对于科学及哲学双方都是十分不利的。现在要谈的是哲学。**哲学家是理性主义者。他们都在设法深入无情而客观的事实后面去。他们希望用普遍原理来解释进入事物流变中的各种细节的相互关系。**同时，他们也在寻求可以消除纯粹武断的原理；以便在假定任何一部分事实之后，其他事实的存在即可符合理性的某种要求。他们要求探讨事物的意义。用西奇威克（Henry Sidgwick）的话来说：

> 哲学的主要目的在于：把理性思维的一切部分完全结合，并清晰地联系起来。但任何哲学若把构成伦理学主题的重要判断与推论置之不顾，则无法达到这一目的。

由于自然科学与社会科学对历史怀有偏见，拒绝在某些终极的思想机构之下再作推理，因而就把哲学逐出了近代生活的现实潮流。哲学失去了经常批判偏颇理论的作用。由于科学把它逐出了客观的物质领域，它就只好退缩到主观主义的精神领域中。如此一来，17世纪的思想发展才与来自中世又得到加深的个人人格意识结合起来。我们看到笛卡儿以他自己的哲学所能向他保证的终极精神为立足点；然后再问这精神与他的科学所假定的终极物质（在《形而上学沉思》第二篇中，他以人体与蜡为例）之间有何关系。现在一面是阿龙（Aaron）的杖，一面是卫士的蛇；从哲学立场看来，唯一的问题是谁吞了谁的问题；否则就像笛卡儿所想的，两者将快乐地生活在一起。属于这一思潮中的学者有洛克、贝克莱、休谟与康德。另外有两位大人物则在这一思潮之外，就是斯宾诺莎与莱布尼茨。他们的哲学对科学并没有什么关系。斯宾诺莎由于保存了较老的思想方法，莱布尼茨由于单子论十分新奇，所以他们似乎都走到极端，越出了哲学的安全界限。

　　哲学史与科学史极其类似。它们都在 17 世纪为后继者安排了活动场面。但 20 世纪则开始了一种新的活动。若将思想潮流的全面转变归结到一篇文章或一位作家，难免夸大其词。毫无疑问，笛卡儿只是以肯定而明确的方式表达出他那时代已经隐约出现的东西。同样的，我们若把哲学上一个新面貌的开创归之于威廉·詹姆斯，那就忽略了当时的其他影响。但即使如此，我们若把他在 1904 年发表的论文《意识是否存在》（*Does Consciousness Exist*），与笛卡儿 1637 年发表的《方法论》比照一下，还是值得的。詹姆斯把台面上的旧行头一起扫除了，或者说把灯光完全改换了。我们不妨从他的论文中举两句话为例：

　　　　我若直截了当地否认"意识"的存在，表面看来似乎太荒谬了。无可否认，"思想"确实存在。如果不把话说清楚，恐怕读者再也不要读下去了。因此我极需解释一下，我只是要否认"意识"一词代表实有，但是我愿郑重声明它代表一种功能。

科学唯物论与笛卡儿的自我同时受到质疑；一个受到科学的质疑，另一个受到詹姆斯及其心理学前辈所代表的学派的质疑。这双重质疑标示着延续二百五十年左右的时期已经结束了。当然，"物质"与"意识"代表日常经验中非常明显的事实，任何哲学都必须提供一些能适应两者意义的东西。问题是：17世纪关于这两个问题的解决方式都预设了一个前提，而这个前提现在受到了质疑。詹姆斯否认意识是一种实有，但却承认它是一种功能。因此，实体与功能之区别，对于理解詹姆斯之质疑旧的思想方法，是极为重要的。上述论文充分讨论了詹姆斯本人认为意识所具有的性质。至于"实有"一词，他虽拒绝用以代表意识，但却没有作明确的解释。在上述引文之后紧接着这样的一段话：

> 我的意思是，除了构成物体以及形成我们对物体思维的东西以外，就没有任何其他的原始质料或存在的性质了；但思维可以在经验中扮演一种功能，为了产生这功能，就形成了这种存在的性质。这功能就是"知"。事物不仅存在，而且反映到心灵中去时还会被感知；为了解释这一事实，"意识"就是不可缺少的了。

詹姆斯就以这些话来否认意识是一种"质料"。

"实有"，甚至"质料"一词，并不能充分表明其本身的含义。"实有"概念过于广泛，它可以指任何能被想到的东西。你不可能想到纯然空无，而只要能被想到的就可以称为一个实有。在这种意义下，功能即是实有。显然，詹姆斯所想到的不是这种实有。

在这一系列演讲中，我提出了自然机体论的假设。为了符合这一理论。我将把詹姆斯的学说解释成恰好否定了笛卡儿在《方法论》与《形而上学沉思》中的立论。笛卡儿区分"物质"、"灵魂"为两种实有。他认为物质的本质是空间的广延，而灵魂的本质则是思维——笛卡儿所赋予的充分意义下的思维。例如《哲学原理》第一部第五十三节中说：

> 每一实体皆有一主要属性，如心灵的思维与物体的广延。

第五十一节中说：

> 关于实体，我们所认识的只是：除自身外，不需其他东西就能存在者。

接着，笛氏又说：

> 例如，任何实体不能持续即不能存在，除了在思维中，持续是不能与实体分离的……

因此我们可以总结说，在笛卡儿看来，心灵与物体的存在方式是：除自身之外就不需任何其他的东西了（上帝是唯一的例外，因为他是万物的基础）；心灵与物体都是持续的，因为没有持续性，它们即不能存在。物体的基本属性是广延，心灵的基本属性是思维。

笛卡儿《哲学原理》中讨论这几个问题的各章各节，表现出无法衡量的天才。这些既无愧于他那个时代，也不负于法国人明晰的才智。他区分时间与延续，把时间的基础建筑在运动上，把物质与广延紧密地结合起来。这一切都在当时的可能范围内，提示了近代相对论原理的概念与柏格森"创造性进化"理论的某些方面。但他的基本原理事先假定了独立存在的实体——它们在时间延续的共体中具有简单定位；它们若是物体，则在空间广延的共体中具有简单定位。他的原理直接引导出思维的心智所考察的唯物机械的自然论。17世纪以后，科学守住了唯物的自然，哲学则守住了思维的心智。有几派哲学承认终极的二元论，而各派唯心论则主张自然只是心智思维作用的主要体现。但是每一学派都承认笛卡儿关于自然终极要素的分析。当我说近代哲学导源于笛卡儿时，并不包括斯宾诺莎与莱布尼茨；这两人虽然受他影响，但是他们也影响了其他哲学家。我现在主要是谈科学与哲学之间的有效接触。

科学与哲学这两大领域不易划清界线；其实这说明了划分所根据的僵硬前提颇有弱点。我们所见的自然是物体、色、声、香、味、触以及其他身体感觉交互作用的结果。这些交互作用展现在空间中，由介于它们之间的体积互相隔离，并具有个体形式的模式。同时，这整体也是一种流变，随着时间的推移而改变。这种系统化的整体显示在我们面前时，便是一个事物的综合体。但17世纪的二元论者索性排开了这一点。当时科学上所谓的客观世界只限于单纯的有广延的物质，在时间、空间中有简单定位，并在空间运动方面由一定的规律支配。哲学所谓的主观世界，则把色、声、香、味、触等身体感觉归结为构成个别心灵的思维之主观内容。两个世界都分享着普遍的流变；但笛卡儿把被度量的时间视为观察者心灵的思维作用。显然，这体系中有一致命弱点。心灵的思维显示出自身是把颜色这类实有作为注视的终点而提呈在心灵之前。但在这一理论中，这些颜色之类的东西归根结蒂不过是心灵的装饰品。因此，心灵似乎被局限于它自己的思维世界中。经验中主观与客观的完全符合，在心灵中只是心灵自有的一种激情。从笛卡儿的论据所得的结论，就成了贝克莱、休谟、康德等人学说的起源。这些人之前，洛克也专务于这一点，认为它极为紧要。因此，如何取得真实客观世界的科学知识，就成了头等重要的问题了。

笛卡儿说客观物体被知性所感知。他（在《形而上学沉思》第二篇）说：

> 因此，我必须承认：单凭想象，我连一块蜡是什么也不能理解。唯有心灵才能感知它。这儿说的只是单独的一块蜡；至于蜡的普通情况更是如此。但只能被心灵感知的这块蜡究竟是什么？……对于它的感知，既不是看，又不是摸，也不是想象。以往人们虽然认为如此，但其实都不是。这仅仅是心灵的直觉（观察）……

在此应注意拉丁字"观察"（inspectio）的古典用法，是与理论的概念关联，而与实践的意义相悖。近代哲学的两大任务现在清楚呈现出来了。心灵的研究分成心理学与认识论：前者是对心理机能本身及其相互关系的研究，后者是对共同客观世界的认识理论。换句话说，一种研究是把思维当成心灵的激情，另一种研究则把它当成观察客观世界的前导。这种分法极不妥当，引起了不少迷惑。17 世纪以后的几个世纪充满了这一问题的研讨。

人们若从物理观念看客观世界，从心灵观念看主观世界，就可以拿笛卡儿对问题的提法作为出发点了。但这两者之间的平衡，由于生理学的兴起而被破坏了。17世纪时，人们从物理学的研究走到哲学的研究上。19世纪末期，尤其在德国，人们从生理学的研究过渡到心理学的研究上。这种风尚的转变有其决定性意义。当然，在较早时期，人体的居间作用受到充分重视。例如笛卡儿《方法论》第五部即是如此。但生理学上的本能说尚未发展起来。在考虑人体时，笛卡儿是以物理学家的方法来思考的。但近代的生理学家则具有医学生理学家的思想。威廉·詹姆斯一生的事业就是这种观点转变的例子。他也具有清晰而深刻的天才，能够即刻把分歧点指出来。

我在前面之所以把笛卡儿与詹姆斯并列来看，现在很清楚了。他们两人并未对一问题作出最后结论来结束一个世纪。他们的功绩都属于另一类型。他们各自以清晰的系统说法，开创了一个世纪。在当时那一阶段的知识水平上，思想极便于用他们的说法来表达。他们一个开创了17世纪，一个开创了20世纪。这方面他们都可以比之于中世纪的托马斯·阿奎那——他代表了亚里士多德主义的经院学派之极盛时期。

由许多方面来看，笛卡儿与詹姆斯都不是他们当时的典型哲学家。我宁可把这地位赋予洛克与柏格森，至少在他们与当时科学之间的关系来看是如此。洛克发展了几条思想路线，使哲学不断进展；例如他曾强调求证于心理学。他开创了划时代的探讨，研究有限范围内的迫切问题。他这样做，无疑使哲学沾染了某些科学上的反理性主义。但是富有成效的方法论的基础，应当从某些清晰的假设出发，那些假设在有关问题的范围内，必须被视为终极的。批判这种方法论上的假设，将留待其他时机再谈。洛克发现笛卡儿所流传下来的哲学状况，牵涉到认识论与心理学两方面的问题。

柏格森在哲学中引入生理科学的机体概念。他几乎完全脱离了 17 世纪静止的唯物论。他对空间化的抗议，是反对不把牛顿的自然观看成一个高度的抽象概念。他所谓的反主知主义（anti-intellectualism），必须从这个意义来解释。在某些方面，他回到笛卡儿身上；但这种回溯却伴随着对现代生物学的本能理解。

把洛克与柏格森相提并论，还有另一理由。在洛克的学说中，可以找到自然机体论的胚芽。最近诠释洛克学说的吉布森（Gibson）教授说：洛克认为自我意识的同一"正如生物机体的同一，他这种想法真正超越了体现在合成论中的自然与心灵之机械观"。但首先应注意的是，洛克对这一论点的理解摇摆不定；其次，更重要的是，他只把这一概念应用到自我意识上。当时生理学观点尚未树立，生理学的影响只是使思想回到自然去。神经学家首先沿着身体上的神经追溯刺激的效应，接着再追溯神经中枢的整合作用，最后追溯投射到体外的反应，使恢复兴奋的神经产生一种运动的效果。在生物化学中，身体各部分为保存整个机体发生之化学组合上的精细适应，被侦测出来了。因此，心灵的认识被视为整体的内省经验，把这整体作为一个统一事素时所具有的一切，报告给自己。这个统一体是各部分事件的整合，而不是各个事件的集合。它作为一个事件，具有其本身的统一体。这整个统一体作为一个自为的实有来看，就是把全部事件的模式化位态，摄受到统一体中去的过程。它对自身的认识，产生于它本身与那些位态，被它摄受的事物之间的关联。它所认识的世界是一个互相关联的系统，因而可以看到自身反映在其他事物之中。所谓其他事物，尤其包括它自己的躯体的各部分在内。

重要的是区别以下三者：持续的躯体模式，充满持续模式的躯体事件，以及躯体事件的各部分。躯体事件的各部分本身就被它们自己的持续模式所填充；而这些模式即是躯体模式中的构成要素。躯体的各部分确实是整个躯体事件的环境中的某些部分。但它们的相互关系，使各部分在对方身上存在的位态，在修正对方的模式时特别有效。这是由于整体与部分具有紧密关系才产生的。因此，躯体既是各部分的环境之一，各部分也是躯体的环境之一；只是彼此对于对方的修正都十分敏感。这种敏感性存在的方式，是为使部分适于保存躯体模式的稳定。这是有利的环境可以保护机体之特别例证。部分与整体的关系，具有伴随机体观念而来的特殊相互性，在这种相互性中，部分是为了整体的；但这一关系统治了整个自然界，并不是从高级机体的特例开始的。

进一步说，若由化学方面来看这问题，一个生物体中分子的作用，毋须都以它与完整生物机体的模式之特殊关系来解释。诚然，这种模式的位态反映在每一分子中，以后都将对这分子产生影响，所以若把这分子放在其他地方就将与现有情况不同。同样的，在某种情况下，电子可能是球形；在其他环境下则将呈椭圆形。从科学方面看来，探讨这问题的方式是：只问分子在生物体中所表现的性质是否会在无机的环境中消失。是否会像软铁那样，在磁场中所表现的性质，在其他地方就表现不出来呢？**生物都具有反应灵敏的自卫活动。我们的意志下决定时，躯体也会发生物理作用；这说明分子在躯体中受到整个模式的影响而改变。**可能有一种物理定律能够说明：当终极基本机体以紧密的模式构成高级机体的一部分时，将受到何种改变。但若整体与部分之间位态的直接影响微不足道，则这种改变就可能完全与实际上观察到的环境作用相呼应。我们必须预测到影响的传递。在这种方式下，整个模式的改变将透过一系列逐渐缩小的部分之一系列改变而传递下来。最后，细胞的改变就将改变它在分子中的位态，并在分子或更细微的实有中引起一个相应的改变。因此，生理学的问题就是具有不同性质的细胞中的分子的物理学问题。

现在我们可以明白心理学与生理学及物理学的关系了。个人的心理领域只是从它本身的观点所能看到的事件。这个领域的统一体就是事件的统一体。但这只是作为单一实有的事件，而不是作为各部分总合的事件。各部分相互之间以及它们与整体的关系，就是彼此在对方之中存在的位态。由一外在观察者看来，躯体一方面是整个躯体的位态之结合，同时也是各部分之综合。在他看来，形状的位态与感官对象是主要的——至少对于认识是如此。但我们还须估计我们有可能在自身看到高级机体的思维活动之直接位态。有些人认为对于他人思维活动的认识，只能从形状的位态与感官对象间接地推论出来；根据机体哲学看来，这一说法毫无根据。基本原则是：任何进入现实的东西，都将在每一事件中确立自己的位态。

不仅如此，甚至对自我认识来说，躯体有些部分也采取了形状位态与感官对象的形式。但是，与认识的思维活动联击的那一部分躯体事件本身，就能成为统一的心理领域。它的构成分不能追溯到事件本身，而是这事件之外的事物之位态。因此，躯体事件固有的自我认识，是把自身当作一个复合统一体的认识。这种复合统一体的构成分包括存在于它之外，但受它本身位态模式的范围所限制的一切实在。因而我们可以知道：我们自身是把多种不属自己的事物统一起来的功能。认识显示出事件是一种活动，把相异事物真正结合起来。但这个心理领域并不依存于它的认识，所以仍然是脱离自我认识的统一事件。

因此，意识将成为一种认识的功能。但被认识的已经是一个真实宇宙的位态之摄受体。这些位态就是互相改变的其他事件的位态。它们在位态的模式方面，处于互相关联的模式中。

组成模式本身的原始资料是形状、感官对象与其他永恒所对的位态——这些永恒所对的自我统一并不依靠事物的流变。当这些所对（客体）进入一般流变时，它们就能使事件互相解释。在目前的情形下，它们存在于感觉者身上；但当它们被感觉者知觉时，它们就把处于感觉者之外的整个流变中的某些东西传达给他。主—客关系就是从这些永恒所对的双重作用下产生的。它们是改变主体的东西，但只有当它们把宇宙共体中其他主体的位态转达给该主体时，才有这种作用。因此，没有任何主体具有独立的实在，因为一切主体都是包容其他主体的有限位态而形成的。

"主—客"这一专门术语对于经验中所显示的基本状态来说，是一个很差的术语。其实这只是亚里士多德"主词—宾词"的遗物。它已经预设了各种主词受到自身宾词限制的形而上学理论；这就是认为主体具有其自身的经验世界的理论。若承认这一点，就无法逃脱唯我主义了。问题在于"主—客"一词指示着客体下的一种基本实有。因此，这儿所谓的"客体"只是亚里士多德宾词的幽灵。认识经验中所显出的基本情形是"客体中的我—客关系"。这即是说：基本事实是超越于"此时—此地"与"此时"之上的不偏不倚的世界——所谓"此时—此地"

标示了"我—客"关系，而"此时"则是同时体现的空间世界。这一世界还包括着过去的现实、未来的有限潜能、抽象潜能的整个领域、永恒所对的领域等。永恒所对的领域超越于实际体现过程之上，实现于实际体现过程之中，而且与实际体现过程互相对证。"我—客"关系作为"此时—此地"的意识来说，是认识它与实在世界及观念世界之间的内在关联性所组成的经验本质的。但像这样组成的"我—客"关系，是在实在世界之中的；它表现出自身是一种机体，这种机体须有观念加入，才能保持它在实在世界中的地位。这一有关意识的问题必须留待别的时候再讨论。

目前所要提出的论点是：机体论的自然哲学，必须从唯物论哲学立场的反面出发。唯物论的出发点是独立存在的实体：物质与心灵。物质受着空间运动的外在关系的改变，心灵则受着思维对象的改变。在这种唯物论中，两类独立实体都受着与其相应的激情的改变。**机体论的出发点，则是事物处在互相关联的共域中的体现过程。事件才是真实事物的单位。**发生态持续模式是发生达成态的稳定，使达成态能在过程中保持自我同一而成为一个事实。在此应注意：持续性作为基本性质而言，不是在本身之外的持续，而是在本身之内的持续。这就是说：持续性是指在整个事件的各时限部分中，找到其重复产生的模式。唯有在这种意义下，整个事件才有一持续的模式。对于整体与前后相连的各部分都有同一种内在价值。认识就是：普遍的潜在活动为自身提出可能性、实在性及目的，并在某种程度内个体化的发生态。

若不像以上从心理学与生理学出发，而从现代物理学的基本概念出发，我们也同样可以达到这种机体概念。我自己研究数学与物理学的结果，实际上已使我相信这一点。数学物理学首先假定有一作用的电磁场充满在时间与空间中。控制这个场的规律不外乎是世界流变的一般作用所遵循的条件，正如它在各事件中使本身具有个性一样。物理学中有一种抽象过程。这门科学不问事物本身如何。其中的实有都只根据外在的实在来考虑；亦即，只考察它存在于其他事物中的位态。这种抽象过程不仅如此；因为只有在其他事物中改变该事物生命史的"时—空"条件之位态，才在被讨论之列。这儿，观察者的内在实在就有了地位；亦即，这时引用了观察者对自身而言所形成的状态。例如，科学叙述中将出现观察者观察到红与蓝等等的事实，但是他们所看到的红色实际上并未达到科学地步。有关事实只是观察者对红的经验与其他经验的不同点。因此，观察者的内在性质，仅只在确定物理实有的自身同一的个性上才有意义。这些实有仅被视为在持续实有生活史之时间与空间中，明确方向的因素。

物理学的词汇源自17世纪唯物论的思想。但我们发现，即使在极端的情况下，实际上事先假定的还是上述的位态机体论。首先，我们可以想想真空之中的事件——这里所谓真空，是指完全没有电子、质子或任何形式的电荷。这种事件在物理中有三种作用：

第一，它是"能"进入的实际场所，或是能的"驻在地"（habitat），或是特殊能源的所在地。无论如何，在这种情形下，能的作用总是存在的，它或是在有关时间中驻在空间，或是流过空间。

第二种作用下，该事件成为传递模式的必要环节，借着这种传递，每一事件的性质都从其他事件的性质上获得一些改变。

第三种作用下，该事件成了可能性的储存所，就是：该事件如果在场，它将透过变形或空间运动对一个电荷发生作用。

我们若稍加修改这说法，假定一事件把电荷生命史的一部分含括在其本身之中，那么以上关于三种作用的分析仍可成立；只是第三种作用中所谓的可能性现在成为现实性了。现实性取代可能性之后，我们就看到空虚与实有事件之间的区别了。

现在再回到空虚事件（the empty events），我们看到它缺乏内在内容的个性。例如在空虚事件的第一个作用中，它是能的"驻在地"。我们看到不论是静止驻在的能，或是作为能流中一部分的能，都没有识别其个体的标志。我们只有活动的数量的决定，而不能将活动个体化。在第二及第三种作用中，缺乏个体化的情形更加明显。空虚的事件本身是一个事实，但却不能使其内容体现一个稳定的个性。从内容来看，空虚事件是已组合活动的一般格架中，一个已被体现的要素。

空虚事件若是某一系列波状运动的传递场所，则这种说法须稍作修改。这时事件中将永远存在着一个确定的模式。我们在此首次看到持续个性的一些微弱痕迹。但是这种个性毫无原始性：因为它仅是一事件处在较大形成模式的体系中，所产生的恒存性。

现在再看看实有事件（an occupied event），像电子之类就有一种确定的个性。我们可以透过许多不同事件，在它整个生命史中把它追溯出来。一群电子加上大小相等的正电荷，就构成了原子，然后形成了我们通常看到的物体。这种物体最简单的就是分子。一群分子就能构成一个普通常见的椅子、石头等物质块。因此，一个电荷就是内容的个性之标志，这是附加在事件本身个性上的。这种内容的个性就是唯物论的据点。

然而，这一点同样可以用机体论来解释。当我们考察电荷的作用时，会发现它标示一个经由空间与时间传递而来的模式的起源。这是某些特殊模式的基调。例如，任何事件的力场皆可由电子与质子的活动构成；这种活动也是能的流与能的分布。同时，电波起源于这些电荷的振动。因此，被传递的模式便可以看成是：原子电荷的位态通过时间与空间的流变。电荷的个体化是由两种性质结合产生的：一是发生功能的样态连续地同一，这样就作成一个决定模式传布的关键；二是它本身生命史的连续及统一。

因此我们可以总结说：机体论直接表达出物理学关于终极实有所作的假定。同时我们也看到：若把这些实有视为完全具体的个体时，便是全然无用的。就物理学来说，这些实有完全在彼此互相推动，并且除了这种功能以外就没有实在性了。尤其对物理学来说，根本就没有内在的实在。

显然，以机体假说作哲学基础，首先应归功于莱布尼茨。他的单子就是终极的真实实有。但他仍保留笛卡儿的实体与影响实体的激情——这些在他看来也能说明真实事物的终极特性。因此他认为：内在关系没有具体的实在性。他于是提出两个与众不同的看法：一、终极的真实实有是一种组合的活动，把构成分结成一个统一体，因而这统一体即是实有。二、终极的真实实有是负载性质的实体。第一种看法先要承认内在关系结合了一切实在。第二种看法则与这种关系所结合的实在不能相容。为了要结合这两种看法，所以他的单子便没有窗户。而单子的激情则反映出早已由神安排了预定和谐的宇宙。这一理论体系因此事先假设了一群独立实有的结合。他未曾区别以下三者：一是作为经验单位的事件，二是稳定后获得意义的持续机体，

三是表现进一步完整个体之认识机体。他也不承认以不同方式
将感官资料与不同事件相关联的多种关系。这多种关系其实是
一种透视，莱布尼茨认为它们除非是组合单子的性质，否则不
能承认。这种困难之所以产生，是由于他不经研究就把简单定
位看成空间与时间的基本形态，同时把独立的个别实体看成真
实实有的基本形态。如此一来，莱布尼茨唯一能走的路就是贝
克莱后来所选择的路（这是根据最流行的诠释），亦即：希望出
现一个"神迹"帮他超越形而上学的困难。

笛卡儿曾创立一种思想体系，使往后的哲学与科学思潮保
持某种程度的接触。莱布尼茨则以同样方式创立另一种思想体
系，使终极实在的事物——实有，在某种意义上成了组合的过
程。这一体系一直是德国哲学伟大成就的基础。康德反映了两
个传统，他以一个为基础反映另一个。康德本人是科学家，但
从康德学说中导引出来的学派对科学思想却影响极小。直到 20
世纪，哲学学派才结合上述两种传统，表达了一个源自科学的
世界观，因而也结束了科学与美感及伦理经验所肯定之物分道
扬镳的状态。

第十章　抽　象

Abstraction

前几讲中，我们探讨了科学思潮对近代思想家致力研究的更深刻问题所产生的影响。任何一个人，任何有限的社会与任何一个时代，都不能同时思考一切问题。因此，为了说明科学对于思想的各种影响。我们便从历史的观点分析这个题目。在这样追求时，我始终记得：整个故事的结局，是统治这三个世纪之科学唯物论的舒适体系显然瓦解了。因此，我强调了几派盛行的批评意见；我自己也尝试提出另一种宇宙论学说——其内容十分宽广，足以包括科学与科学批评的基本论点。在这个体系中，作为基础的物质概念被有机综合体概念取代了。但我总是顾及科学思想的实际复杂情形与它所提示的混乱状态。

在本讲与下一讲中，我们将撇开近代科学的特殊问题，专就事物在作详细分析以前的性质，进行客观的考察。这种立场被称为"形而上学的"观点。读者若对这两小章形而上学不感兴趣，那么可以先看"宗教与科学"，那一章将重新讨论科学对近代思想的影响。

讨论形而上学的这两章完全是叙述性的。这种叙述的根据是：（1）对于构成直接经验的实际事态（the actual occasions）之直接知识；（2）它们可以成为调和各种经验的系统叙述之基础；（3）它们能提供许多构成认识论之概念。第三点的意思是：

对我们所知之物作一普遍叙述后，就能使我们知道认识如何能成为已知事物中的一个环结。

在任何被认识的事态中，对象都是一个经验的实际事态，依超越该直接事态的实有领域如何而有所不同；因为那些实有与其他经验事态发生类似的或不同的联系。例如，某一深度红色在直接事态中，可能以一定的方式与一定球形联系在一起。但这种红色与这种球形都表现出超越了这个事态。因为两者都与其他事态具有其他关系。同时，除了同类事物在其他事态中的实际事素以外，每一实际事态都处在一种交互关联的实有领域中。这领域由一切可以为它作有意义陈述的假命题（untrue propositions）显示出来。这是含有许多不同方向的领域，它在实际中的立足点超越了任何一种实际事态。假命题对于每一实际事态的真正关系，是由艺术、小说与基于理想的批评所显示的。这就是我们主张的形而上学论点之基础，亦即，对实际的理解必须涉及理想。这两个领域是整个形而上学的立场所固有的。若能真正说出关于某一实际事态的某种命题是假的，那就表现了美学成就的关键真理。它表现"伟大的否定"（great refusal），那就是它的基本性质。一事件的决定性与它的假命题（对它）的意义成正比。假命题对事件的关系，无法经由达成态而与事件的本质分开。这些超越的实有一向被称为"共相"（universals）。我个人喜欢用"永恒所对"（eternal objects），以便于摆脱"共相"一词在漫长的哲学史中所牵缠的假设。因此，永恒所对在本质上是抽象的。我所谓"抽象"是指：永恒所对本身（即其本质）不必涉及任何特殊的经验事态就可以直接理解。成为抽象，就是超越实际的特殊具体事态。但超越实际事态并不等于与它脱离关系。相反地，我认为每一永恒所对都与这种事态有其恰当联系——我称之为进入事态之样态。因此，要理解一永恒所对，必须认识以下三点：（1）它的特殊个性；（2）它体现在实际事态中，与其他永恒所对的一般关系；（3）借以说明它进入特殊实际事态的一般原则。

这三点显示两项原理。第一，每一永恒所对都是一个个体，在其自身特殊的形式下成为自身。这种特殊个性就是该所对本身的实质，除了成为它本身以外就没别的说法了。因此，个体的本质只是由其独特性来看的本质。同时，一个永恒所对的本质，也只是它对每一实际事态作出其独特贡献时的情形。这种所对在各种进入事态的样态下都是它本身，所以这种独特贡献对一切事态来说都是相同的。但是单就进入的样态来说，仍然每次都不相同，所以它的特殊贡献也一次次不同。因此，一个永恒所对的形而上学地位，就是成为实际的可能性之地位。每一实际事态的性质，皆由这种可能性在该事态中的体现方式来确定。因此，体现就是可能性的选择。更正确地说，就是根据它在该事态中体现可能性的大小分等加以选择。这结论使我们得出第二个形而上学原理：永恒所对作为一抽象实有来看，不能脱离与其他永恒所对的关系；它虽与进入某一实际事态的实际样态无关，但也不能脱离它与一般实际的关系。这原理可以这样说：每一永恒所对都有一个"关联性的本质"（relational essence）。这种关联性的本质就决定了该所对何以可能进入实际事态。

换句话说，若 A 为一永恒所对，则 A 的本质就牵涉到 A 在全域中的地位，而不可能脱离这种地位。在 A 的本质中，关于 A 与其他永恒所对的关系，存在着一种可能性。而关于 A 与实际事态的关系，则存在着一种肯定性。A 与其他永恒所对的关系既是肯定地存在于 A 的本质之中，所以便是内在关系。我的意思是说：这些关系是构成 A 的成分。因为处在这种内在关系之下的实有，若脱离了这种关系就不能成其为实有。换句话说，它一旦具有内在关系就永远具有内在关系。A 的各种内在关系联合构成了它的意义。

其次，在一个实有的本质中，若没有容纳外在关系的不肯定性，就不可能发生外在关系。A 身上的"可能性"，其实就是 A 的本质可以容纳对于实际事态的关系。A 与实际事态的关系，不过是 A 与其他永恒所对的永恒关系在该事态中实现时的分等情况。

所以，说明 A 进入特殊实际事态 a 的一般原理就是：A 本质中所存在的、关于进入 a 的不肯定性，以及 a 的本质中所存在的、关于 A 进入 a 的肯定性。因此，综合摄受体 a，就是 A 的不肯定性进入 a 的肯定性之解答。而且，Aa 之间的关系，对于 A 来说是外在的，对于 a 来说则是内在的。每一实际事态 a 都是一切进入实际事态的模式之解答——其中，真与伪取代了可能性。A 完全进入 a，这事由有关 A 与 a 的一切真命题表示，同时也可能由有关其他事物的真命题表示。

永恒所对 A 与其他永恒所对之间的确定关系，就是 A 如何系统地，并且本质上必然地与每一其他永恒所对发生关联。这种关联代表一种体现的可能性。但关系是涉及所有关联对象的事实，不能孤立地认为它只涉及一种关联对象。因此，在可能性的本质中，便普遍地包含着一种有系统的互相关联。永恒所对的领域之所以适于称为"领域"（realm），即因为每一永恒所对在这普遍互相关联的系统综合体中，都有自己的地位。

在 A 进入实际事态 a 时，A 与其他永恒所对在这种体现中，分等排列出来的相互关系，需要涉及 A 以及其他永恒所对在"时—空"关系中的地位才能表现出来。（为了这一目的）若不涉及 a 与其他实际事态在同一"时—空"关系中的地位，这一地位亦无法表达。因此，事件实际过程借以表达自身的"时—空"关系，就不外乎是各永恒所对之间普遍系统关系的选择性限制。所谓"限制"（limitation），应用于"时—空"连续区就是真实的决定——如空间的三度，"时—空"连续区的四度等；这些都是事件实际过程中所固有的，但对于一个较为抽象的可能性来说则是武断的。实际事物的基础上的一般限制，与各个实际事态特有的限制不同，详情将在《上帝》一讲中充分讨论。

此外，各种可能性相对于实际性的地位，也必须参照这个"时—空"连续区（spatio-temporal continuum）。在对可能性作任何特殊考虑时，都可以看到这个连续区被超越。但是若与实际性有一定的关系，则超越"时—空"连续区也需要有一定的方法。因此，从根本上来说，"时—空"连续区便是关系的可能性之所在，这是从更普通的系统关系领域中选择出来的。这种关系的可能性之有限场所，显示了体现过程的一般体系所固有的可能性之一种限制。不论与该体系关联的可能性是什么，都处于这种限制之中。对于事件的一般过程（不是特殊事态所引起的特殊限制）而言，任何具有抽象可能性的东西，都充满在"时—空"连续区的每一种可能的空间位置及时间延续之中。

从根本上来说，若一切可能性的普通关联系统，受到它本身中一般实际事物相联系的限制，则"时—空"连续区正是这一系统。可能性的本质也规定必须包括这种与实际的联系。因为可能性中就存在着脱离达成态的可达成性。

前面强调过，实际事态应被视为一种限制；这种限制的过程可以进一步说成是分等的过程。实际事态（如 a）的特性还须作进一步说明：任何永恒所对（如 A）的本质中都存在着一种不肯定性。实际事态 a 则将每一永恒所对都综合到自身之中；这样它就包括 A 对于其他个别或整套永恒所对的"全部"确定关系。这种综合是对体现而非对内容之限制。每一种关系都保存着它固有的自我同一。进入这种综合体的等级是每一实际事态（如 a）所固有的。这些等级只能透过价值的相关性来表现。若比较不同的事态，则价值相关性的等级亦有不同——最高的是把 A 的个体本质作为（某一等级的）美学综合体（aesthetic synthesis）* 的一个因素包含在内，最低的是把 A 的个体本质作为美学综合体的一个因素而排斥之。在最低的等级上，A 的每一种确定关系组合在一事态中时，只是说明这关系"何以"是一个确定的未体现的可能；它除了在未体现的内容，之系统化底基中作为一个因素外，并不能贡献任何美学价值。若 A 所处的等级较高，则它虽未体现但在美学上还是有作用的。

因此，若 A 只从它对其他永恒所对的关系来看，就正是"A 作为不存在来看"；但"不存在"意即"超脱了被包容在实际事件内，或被排斥在实际事件外之类的肯定事实"。同时，"A 对于确定事态 a 不存在"意指：A 在一切肯定关系中被排斥于 a 之外。"A 对于 a 存在"则意指：A 在其某种肯定关系中被包容到 a 之中。但没有任何事态可以包容 A 的一切肯定关系；因为某些关系是互相对立的。因此，即使 A 从其他关系来讲，

* aesthetic 一字极难翻译，它至少还有美感、感性等意义，以下所见美学一词均请参考于此。

会在 a 中存在，但是从被排斥的关系来讲，A 对 a 就是不存在。由这种意义看来，每一事态都是一种"存在"与"不存在"的综合体。不仅如此，某些永恒所对虽然仅是"作为不存在"而被综合于事态 a 之中，但每一"作为存在"而被综合的永恒所对，同时也是"作为不存在"而被包容的。"存在"在此意指"就个体而言在美学综合体中是有效的"。"美学综合体"即是"经验综合体"处在它本身与其他实际事态的关联所生的限制之下，所形成的自我创生状态。综上所述，我们可以结论说：永恒所对被摄受到每一事态时的一般状况，都具有双重性质：一是每一永恒所对对于一般事态的不肯定关系，二是它与某一特殊事态的肯定关系。这句话总括了外在关系何以可能存在的理由。但这一理由必须将"时—空"连续区从一般所谓的实际事态之单纯含义中解放出来，并且从根本上加以说明，亦即说明它怎样由于抽象可能性的一般性质被事件实际过程的一般性质所限制，而产生出来的。

内在关系方面所产生的困难，在于如何解释特殊真理存在的可能性。既然内在关系存在，则任何东西皆必须依存于其他一切东西。但是若真如此，则我们除非知道其他一切东西，否则即无法知道任何东西。因此，我们显然必须一口气说出一切东西。这种假设的必要性显然不正确。那么我们就须解释：既然承认有限的真理，内在关系又何以能存在。

既然实际事态是从可能性领域中选择出来的，那么要根本解释实际事态何以具有普遍性质，就须分析可能性领域的一般性质。

永恒所对领域的"分析性质"，即是它的基本形而上学真理。这种性质的意思是：这个领域中任何永恒所对 A 的地位，

可以分析成几个不定数目的范围有限的从属关系。例如，B 与
C 是另外两个永恒所对，则彼此之间就有某种完全肯定的关系
R（A、B、C），它只牵涉 A、B、C；在它容纳关联对象的能力
中就无须提及其他肯定的永恒所对了。当然，R（A、B、C）可
能牵涉一些从属的关系，其本身就是永恒所对，而 R（A、B、
C）本身也是永恒所对。同时还有其他关系在同一意义下也只
涉及 A、B、C。现我们看看，在永恒所对的内在关联下，这个
有限的关系 R（A、B、C）是怎么可能存在的。

永恒所对的领域中，存在着有限关系的理由是：这些所对
彼此之间的关系是完全非选择性的，但作为体系来说又是完整
的。我们所谈的既是可能性，那么每一种可能的关系就必然存
在于可能性的领域里。每一永恒所对的这种关系，都建筑在该
所对在普遍关系系统中，作为一个关系对象的完全确定的对象
上。这种确定的地位就是我所谓之所对的"关系的本质"。这种
关系本质只须参照该所对就可以决定。其他所对除非特别牵涉
在这种本质（当然本质是复合体，以下即将解释）之内，否则
就无须参照。至于"任何""某些"等词则是从逻辑中的变项一
概念引申出来的。整个的原则是：某一确定的永恒所对 A，与
n 个（确定有限数）其他永恒所对 X_1、X_2……X_n 之间有某种
确定关系，并且后者中每一个都必须有适当地位而在那多种关
系中起了自己的作用。这原理的根据是：一永恒所对的关系本
质并非它本身所特有。只要有每一永恒所对的关系本质，就能
决定全部关系本质的统一体系，因为每一所对在内部都具有一
切可能的关系。因此，可能性领域便为有限套数的永恒所对提
供了一个统一的关系格架；一切永恒所对只要自身的地位允许，
便都处在这种关系之中。

因此，（可能领域中的）关系并不牵涉永恒所对的个体本质；关系所牵涉的"任何"永恒所对都是关系对象，其条件是这些关系对象都必须具备应有的关系本质（这一条件自动地从事物的本性出发，限制了"任何永恒所对"中的"任何"一词）。上述原理就是可能领域中"永恒所对孤立"（Isolation of Absolute Objects）的原理。永恒所对是孤立的，因为作为可能性而言，它们的关系可以不涉及它们的个体本质就能表达出来。当永恒所对被包容在实际事态中时，情形则与可能领域不同；这时，对于某些可能的关系而言，它们的个体本质就具有结合性，像这样体现出来的结合，是一个发生态的价值被一种确定的永恒关联所确定或形成的达成态；真正的结合就是相对于这种关联而形成的。因此，永恒的关联是一种"形式"（the εἶδος），发生态的实际事态是内含价值的外形（superject）。脱离任何外形的价值就是抽象物质（the ὕλη）——这是一切实际事态所共有的；并且，把无价值的可能性摄受到外形下的内含价值中去的综合活动，就是实体活动。这种实体活动是分析形而上学状态中的静止因素时被忽略的东西。在这种状态中被分析的要素是实体活动的属性。

因此，永恒所对之间的有限内在关系概念所包含的困难，可经由以下两项形而上学原理得到解决：（1）任何永恒所对 A 的关系若被视为 A 的构成分，则 A 只把其他永恒所对当作单纯的关系对象与它发生关系，而不涉及它们的个体本质；（2）因此，A 的一般关系可以分成一群有限数目的关系，这一可分性便存在于该永恒所对的本质中。第二项原理显然以第一项为基础。理解 A，就是理解关系的普遍系统的状况。理解这种关系系统，并不需要其他关系对象自身的独特性质。这系统也表明其自身可以分析成一丛有限关系，并不需要其他关系对象自身的独特性质。这系统也表明其自身可以分析成一丛有限关系，这一丛关系有自己的个性，但同时又预设了可能性领域内的全部关系。对于实际性来说，首先就有关系的一般限制，这限制把一般无限制的体系化为四度的"时—空"体系。这种"时—空"体系，可以说是一切恒所对所固有的各种关系体系（受实际性限制时）的最大共同尺度。也就是说：永恒所对（A）的某些关系体现于实际事态中的方式，总可以透过以下两种方式解释：（1）说明 A 相对于这个"时—空"体系的地位，（2）说明该实际事态在这一体系中与其他实际事态的关系，在一有限的永恒所对组中，关联到某一确定永恒所对的确定有限关系，本身就是一个永恒所对；这就是那些所对处在那个关系中的状态。我称这种永恒所对为"复合体"（complex）。作为关系对象而处在"复合体"中的其他永恒所对，可以称为该永恒所对（复合体）的"构成分"（components）。若这些关系对象本身也是复合体，则其构成分就可以称为原复合体的"衍生构成分"。至于衍生构成分的构成分，亦将称为原初所对的衍生构成分。所以，永恒所对的复杂性，就说明它可以分析成作为构成分的永恒所对之间的关系。分析永恒所对之间的普遍关系体系，就意味着它表现为一丛复合的永恒所对。一永恒所对，如一定深浅的绿色，若不能分析成构成分之间的关系，就可以称为"单纯的"。

现在我们可以解释永恒所对领域的分析性，何以能使该领域分析成若干等级。

个体本质单纯的所对，将列入最低的永恒所对。这一等级的复杂性是零。其次，我们再看看成员数目有限及无限的所对组。例如，ABC 三个永恒所对本身都不是复合体而构成一组。我们可用 R（A、B、C）来表示 ABC 之间某种可能的确定关联。以简单的例子来说，假定 ABC 是一定深度的三种颜色，彼此之间的"时—空"关联是在任何时候及任何地方处在正四方体的三个面上。这时，R（A、B、C）便是最低级的另一永恒所对。根据这种情况，便有一系列较高级的永恒所对。对任一永恒所对 $S（D_1、D_2\cdots\cdots D_n）$ 而言，组成这一所对的个体本质的 $D_1、D_2\cdots\cdots D_n$ 等永恒所对的个体本质，组成（$D_1、D_2\cdots\cdots D_n$）的个体本质，所以就称为 $S（D_1、D_2\cdots\cdots D_n）$ 的构成分。显然，$S（D_1、D_2\cdots\cdots D_n）$ 的复杂等级应比构成分中的最高等级更高。

因此，有一种分析是把可能性领域分析成单纯的永恒所对，另有一种则分析成各种等级的复合永恒所对。一复合的永恒所对是一种抽象的状况。"确定的"永恒所对的抽象（亦即非数学的抽象）具有双重意义：一是可能性的抽象，二是实际性的抽象。上述的 A 与 R（A、B、C）便都是可能性领域的抽象。应当注意的是 A 所指的是 A 的一切可能关系，其中包括 R（A、B、C）在内。而 R（A、B、C）也是指 R（A、B、C）的一切关系。但 R（A、B、C）的这种意义排斥了 A 所能进入的一切其他关系。因此，A 在 R（A、B、C）中便比 A 要"直截了当地"更为抽象。当我们逐步从单纯的永恒所对进向高级的复杂性时，便逐步进入了可能领域中的更高级抽象性。

现在我们可以看出，当我们经由一系列阶段向可能性领域中所得出的一定抽象样态前进时，（在思想上）便要经过一系列逐步提高的复杂性等级。我称这种前进的过程为"抽象的等级体系"（an abstractive hierarchy），一个抽象等级体系不论有限或无限，都是以一群确定的单纯永恒所对为基础。这一群永恒所对就称为等级体系的"基础"。因此，抽象等级体系的基础便是一组复杂性为零的所对，其正式定义如下：

"以 g 为基础的抽象等级体系"，若 g 是一组单纯永恒所对，则这一体系便是满足下列条件的一组永恒所对：

（1）g 的组成部分属于该等级体系，而且是该体系中唯一单纯永恒所对。

（2）该等级体系中任何复杂永恒所对的构成分，也是该体系的组成部分。

（3）该等级体系中任何一组永恒所对，不论等级相同或不同，至少是该等级体系中一个永恒所对的构成分或衍生构成分。

在此应注意：永恒所对的构成分的复杂等级必然低于它本身。因此，这一等级体系（复杂性的第一级）的任何组成部分，只能以 g 群中的部分为其构成分。第二级复杂性的部分则只能以第一级与 g 群中的部分为其构成分。其余依此类推。

抽象等级体系所要满足的第三项条件，可以叫做连续条件。因而一个抽象等级体系由其基础上产生；它包括这基础上所产生的一系列等级，不论这等级是无限的或是有最大限度的；它的连续方式是（在较高的等级中）重现较低级的任何组成部分——这种组成部分的作用，至少是等级体系中一个部分的构成分或衍生构成分。

抽象等级体系若止于有限的复杂等级上，便称作"有限"体系。若包括一切复杂等级的组成部分，则称作"无限"体系。

应当注意的是：抽象等级体系的基础所包括组成部分的数目可以是有限的，也可以是无限的。同时，基础构成部分的无限数并不影响等级体系的有限或无限。

任何有限的抽象等级体系，依其定义而言，都拥有最高的复杂性等级。这等级的特性是：其中的成员不可能再是同一体系中任何其他等级的永恒所对的构成分。同时，最高的复杂性等级也显然只能有一个成员；否则连续性的条件即无法达到。反过来说，任何复合的永恒所对，即是经过分析之后可以表现为有限抽象等级体系的永恒所对。我们据为出发点的这个复合永恒所对，可以称为抽象等级体系的"顶点"（vertex）：这是最高复杂等级中的唯一成员。在初步分析中，我们得到顶点的构成分。这些构成分的复杂性可能各有不同，但其中至少有一个成员，其复杂性的等级只低于顶点一级。比某一永恒所对低一级的等级，称为该所对的"邻级"（proximate）。接着，我们把顶点的邻级中的构成分当成第二级，再分析其构成分。在这些构成分中，有些是这一次被分析的所对的次级构成分，另一些则是顶点的构成分中属于这一"次邻级"（second proximation）的成分。它们构成了第三级，然后继续进行分析。如此我们就得到了属于顶点以下的第三级的所对；并且加上这一级的构成分。我们这样透过一系列的等级分析，直到单纯客体级。这一级构成了等级体系的基层。

在此应注意：处理等级体系时，我们完全在可能性的领域之中。因此，永恒所对便没有真正的结合性：它们依然是"孤立的"。

亚里士多德把实际事物分析成更抽象的要素时，所用的逻辑工具是分成种与类的工具。这种工具在科学之准备阶段起了极重大的作用。但应用于形而上学的叙述中，就会歪曲形而上学状态的真相。"共相"一词与亚里士多德的分析法关系密切：这一词的意义近来又扩大了，但它还是带着分类分析法的色彩。

所以我再用到它。

在任何实际事态 a 中，都有单纯永恒所对以最具体的样态组成一个 g 群。像这样在一事态中完全组合，便能与其他永恒所对的个体本质混合形成发生态的事态——这显然是自成一体，不能以其他东西解释。但它必然具有一种特殊的性质，即在 g 上有一无限的抽象等级体系，其中的成员都同样地完全包容在 a 之中。

有这样一个无限的抽象等级体系存在，就说明我们何以不可能透过概念来完成一个实际事态的叙述。我将把这个与 a 联系的无限抽象等级体系，称为"a 的关联等级体系"。实际事态中的连续性概念即指这种情形：这种关联性对于它的综合统一体与可认识性都是必要的。有一种概念的连续等级体系可以适用于这一事态，它包括着各种复杂等级不同的概念。在实际事态中，这些复杂概念所牵涉的永恒所对的个体本质，形成了一种美学的综合体。这种综合体能产生一种事态——自为的（为己的）经验。事态既是由所有进入其充分体现状态的一切东西组成，那么这种关联等级体系便是它的形式模式及形态。

由可能性中产生的抽象与由实际性中产生的抽象，两者在抽象的程度方面背道而驰，因而在思想上引起了一些混乱。显然，我们若经由描述一实际事态 a 的关联等级体系中的某些成员来描述 a 本身，我们就更为接近全部具体事实，因为关联等级体系本身的复杂等级比其成员高。这样我们对 a 便做了进一步的描述。所以当复杂性提高时，就能在接近 a 的全部具体状态方面获得进展，降低时则将后退。因此，单纯永恒所对代表着实际事态所产生的抽象之最高限度，但对于可能性领域所产生的抽象来说则只是一个最低限度。我认为大家会发现，一般提到一个高级的抽象时，指的就是可能性领域中所产生的抽象，亦即一个精致的逻辑结构。

以上所谈的只是实际事态完全具体的一面。实际事态正是由于这一面才在自然界中成为一个事件。在这种意义下，一个自然事件仅是一个完整的实际事态的抽象状态。完整的事态包括了在认识的经验中表现为记忆、预测、想象与思维的一切。经验事态中的这些要素也是复杂的永恒所对作为发生态价值中的要素，而被包容在综合摄受体中的样态。它们与完全包容的具体状态不同。在某种意义下，这种差别无法解释；因为每一种包容的样态都是自成一体的，不能以其他东西来解释。但这些包容样态与以前讨论的充分具体的包容，有一共通的不同点，即是"骤然性"（abruptness）。所谓"骤然性"，就是被记忆、预测、想象或思想的东西，完全包括在一个有限的复杂概念之中。在每种情况下都有一个有限的永恒所对包容在该事态之中，作为一个有限等级体系的顶点。像这样脱离了实际的不可限制性，在任何事态中都把所谓精神的东西与精神作用所指涉的实际事件划分开了。

一般说来，对有关的永恒所对的理解，会丧失其明确性；例如，休谟曾说过"模糊的摹本"（faint copies）之类的话。但把这种模糊作为分等的根据是很不可靠的。**思想所认识的东西，往往比未被注意的实际经验中的同一东西更清晰。**至于被理解为精神方面的东西，则永远受着一个条件的限制，即：当我们试图在它们的关系中找寻高一级的复杂性时，总是无法进行。不论它是什么，我们总是发现我们想到的就是这些，再也没有别的。对于有限概念来说，有一个界限使她离开了更高级的无限复杂性。

因此，一实际事态便是一无限等级体系（即其关联等级体系）加上各种有限等级体系的摄受体。无限等级体系综合到事态中去的根据，是该体系的特殊体现样态。而有限等级体系则是根据各自的特殊体现样态。有一个形而上学原理，对于经验事态一般性质的这种述说在理性上如何一贯的问题，具有极大的重要性。我称这一原理为"体现的明确性"（The Translucency of Realisation）。意即：一个永恒所对，不论在什么体现样态下都正好是它本身。若歪曲了个体的本质，就必然形成一个不同的永恒所对。在每一永恒所对的本质中都有一种不肯定性。表明它能公平地容忍一切进入任何实际事态的形式。因此，在认识的经验中，就可能发现同一事态中的同一永恒所对之进入样态，在一个以上的体现等级中都具有意义。因此，体现的明确性加上进入同一事态的样态可能不止一个，就形成了真理中符合说的基础。

当我们把实际事态从它与永恒所对领域的关联方面作过这些叙述之后，我们就回到第二讲所述的一系列思想，那儿讨论了数学的性质。毕达哥拉斯所创始的概念被扩大了，并被列为形而上学的第一章。接着一章所谈的是一种令人困惑的事，即有一种事件的实际过程本身是一个有限的事实，但在形而上学讲来却又不然。对于其他形而上学探讨，如认识论与可能性领域无限宝藏中某些要素的分类等等，在此只好省略了。这最后一个论题使形而上学与各种科学的专门论题碰上了面。

第十一章 上　帝
God

　　亚里士多德发现要完成他的形而上学，就必须引入第一推动者——上帝。从两方面看来，这一点对形而上学史非常重要。第一，我们若要推举一位最伟大的形而上学家，那么不论从天资的颖悟、知识的广博与形而上学的渊源来看，都必须选择亚里士多德。第二，他在思索这一形而上学问题时，是完全冷静的，而且在欧洲第一流的形而上学家中，他是最后一位可以称为冷静的人。在亚里士多德之后，伦理与宗教的研究开始使形而上学结论受到影响。接着，犹太人先是自愿地、然后是被迫地流散各方；犹太—亚历山大学派随之兴起。接着出现了基督宗教，随后又是伊斯兰教。亚里士多德所知希腊式的神，都是从属于形而上学的实有，完全处于自然之内。因而他在第一推动者的问题上，除了跟随形而上学思维路线的发展而进行探讨之外，并无其他动机。关于产生一个宗教所要求的上帝方面，这种追溯并未引导多远。**任何真正普遍的形而上学，若不偷运一些其他理由而能走得比亚里士多德更远，那是值得怀疑的。**但是，他的结论终于跨出了第一步；少了这一步，要在一个比较狭隘的经验基础上形成神的概念，就不太可能了。因为，若不是事物的一般性质要求有某种实有存在，那么在有限经验的范围内，就不可能有任何东西能在实际事物的基础上提供材料，使我们对任何这类实有形成概念。

　　"第一推动者"（Prime Mover）一词提醒我们，亚里士多德的思想已经陷入错误的物理学与宇宙观的迷津中去了。亚里士多德的物理学必须假定出许多特殊的"因"来支持事物的运动。只要一般的宇宙运动能维持，这一点就很容易纳入他的理论体系中。因为在这种情形下，每一样东西对于普遍的活动体系来说，都可以具有一个真正的目的。因此便需要一个第一推动者来维持天体运动，而一切东西的协调则有赖这些天体。今天我们已经放弃了亚里士多德的物理学与宇宙观，所以上述理论的严整形式显然已经不再适用了。但是，我们的一般形而上学若还有少许近似前一讲所简述的情形，就会产生一个与亚里士多德所说类似的形而上学问题，而且也只有用类似的方法才能解决。我们需要一个上帝作为"具体原理"（Principle of Concretion），这相当于亚里士多德要求一个上帝作为第一推动者。这一论旨的内容要能充实，必须先将实际事态过程的一般含义加以讨论。所谓实际事态过程，即是体现过程。

　　我们所看到的实际性，主要是与高深莫测的可能性发生关系。永恒所对将每一种区分中被容纳与被排斥的等级体系的模式赋予实际事态。这一真理的另一看法是：每一实际事态都是加在可能性上的一个限制，由于有了这限制，事物被定形的结合性之特殊价值才能产生。透过这种方式，我们可以说明如何从可能性来看单个的事态，以及如何从单个的实际事态来看可能性。但若说单个的事态即是孤立的事态，那就没有单个的事态可言了。实际性根本就是在任何情形下孤立的永恒所对的结合性，也是一切实际事态的结合性。我想在这一讲叙述实际事态的统一体。前一讲主要讨论抽象，这一讲主要讨论具体，亦即讨论结合起来的东西。

　　现在不妨拿事态 a 来作例子：其他事态与 a 的关系既是 a 本质的构成分，我们就须叙述其他实际事态如何存在于 a 之中。a 的本质是一个已经体现的经验单位，因此我们要问：其他事态如何存在于 a 这一经验之中。目前我不拟讨论认识的经验。关于这一问题的完整答案是：实际事态之间的关系形式与抽象领域中永恒所对之间的关系形式，同样是无穷无尽的。但这些关系有些基本的形式可以说明全部复杂的变化。

　　要理解这些进入的形式（一事态进入另一事态的本质中），首先要注意它们包含在前讲所论之抽象体系的体现样态中。体现在 a 之中的等级体系所牵涉的"时—空"关系，其定义都是根据 a 以及进入 a 的其他事态而确定的。因此，进入的事态便将其位态加入在等级体系之中，于是使"时—空"样态变成了定言的决定。而等级体系则将其形式赋予事态，因而限制事态只能在这些形式之下进入。正如前讲所云，每一事态都是一切永恒所对在实际性等级的限制下的综合。每一事态在其自身样态的限制下，综合了一切的内容。

　　关于 a 与这类（组成 a 的）其他事态的内在关系的形式方面，其他事态可以有很多不同的方法加以分类。这些方法都与过去、现在及未来的不同定义有关。哲学上一般都假定这些定义必然是彼此相等的。但物理学目前的意见，终于证明了这个假定在形而上学中是没有根据的；甚至认为区分过去、现在与未来，对物理学来说都是没有必要的。这问题在讨论"相对论"一讲中已经谈过了。但相对论这种物理学理论仅仅是涉及了形而上学中可能成立的各种问题的边缘。我的说法，旨在坚持一种无限制的自由，实际事物在其中只是一个独特的定言决定。

每一个实际事态都能表明自身为一过程。这是一种形成态（becomingness）。当它如此展示时，就把自身置于一丛其他的事态中。没有那些事态，它是不能成为其自身的。它还表明自身是一个特殊的个体达成态，把永恒所对的无限领域集中在其有限的样态之中。

任何一个事态 a 从其他事态中发出时，其他事态就合组成它的"过去"。a 为了本身的缘故而展示出构成它的"现在"的其他事态。一个事态的根源，唯有表现在其"现在"之中的关联等级体系中才能获得。这种展示正是它本身对实际性产物的贡献。它可能受到产生其自身的"过去"的影响或完全为其所决定。但它在这些条件下展示于"现在"之中，则是直接从其摄受性活动中产生的。事态 a 也以"未来"的形式在本身之中包含着一个未定态。而"未来"则由于被包含在 a 之内，所以便有了部分的决定态，同时它与 a 以及由 a 产生的过去实际事态与现在实际事态，都具有确定的"时—空"关联。

这种未来就是将其他永恒所对作为不存在而综合在 a 之中，并要求 a 过渡到（与 a 具有确定"时—空"关系的）另一种个体化中去，在那儿不存在就变成了存在。

在 a 之中，也有前讲所云有限永恒所对的骤然体现，或是需要有限等级体系中的基本所对涉及 a 以外的确定事态（如这些事态在过去、现在与未来的状态等），或是需要这些永恒所对体现在确定的关系中，但却不包含在各实际事态互相关联的"时—空"体系之中。永恒所对像这样骤然被综合在一个事态之中，便是把永恒的领域中的分析性质包容在实际之中。这种包容具有每一个事态由于本质上的限制而具有的有限实际性等级。正是这种在实际事态相互关联之外体现的永恒关联性的扩张，将全部永恒关联性包容到每一事态中去了。这种骤然体现我称为"等级展示"（graded envisagement），每一事态都把它摄受到自己的综合体中去。等级展示便是实际事态把某种意义下不存在的东西，作为积极因素包容到它本身的达成态中去的过程。这就是错误、真理、艺术、伦理与宗教的根源。由于它，事实才有不同的可能。

以事件为过程，其产物即是经验单位；这种普遍的看法说明事件应分析为：（1）实体活动，（2）可供综合之有条件的潜能，（3）综合体的达成产物。一切实际事态的统一体，不容许把实体活动分析成独立的实有。一切个别活动，亦不外乎是一般活动加上一些条件而实现个体化的样态。进入综合体的展示，也是限制综合活动的一种性质。若说事态或永恒所对是一种实有，则一般活动就不是一种实有。这是一种普遍的形而上学性质潜存于所有的事态之下，对每一事态都具有一特殊样态。没有任何东西能与它相比：它就是斯宾诺莎的唯一无限实体。它的属性就是个体化成为多种样态之性质，以及用各种方式综合在这样态中的永恒所对领域。因此，永恒可能性以及其分化为个体化的多种样态，便是唯一实体的属性。事实上，形而上学状态的每一普遍因素都是实体活动的属性。

样态的一般属性是有限的，这问题显示了形而上学状态的另一因素。这因素必须列为实体活动的一个属性。每一样态在其本性上都是有限的，因而不至于形成其他样态。但除了这种细节上的限制以外，普遍样态的个体化受着两种方式的限制。

首先，这是事件的实际过程，就永恒可能性而言它本来会形成其他情况的，但却形成了这种实际过程。这种限制具有三种形式：（1）一切事件皆必须遵循的特殊逻辑关系，（2）事件遵循的特选关系，（3）甚至在那些逻辑与因果的普遍关系中影响这一过程的特殊事项。因此，这种限制便是先行选择的限制。就一般的形而上学状态来说，除了逻辑或其他限制之外，在样态上便会产生一种浑然不分的多元现象。但这样就不可能有上述的样态了，因为每一样态都代表一种实际性的综合体；这种实际性都受到了限制，必须符合于标准。

第二，限制是价值所付出的代价。若无先行的价值标准来决定呈现在活动的展示样态之前的东西应如何取舍，就不可能有价值出现。因此，价值中就有一种先行的限制，导入了矛盾、等级与对立。

根据这一说法，有两个事实要求事件的过程必须在条件、特殊化与价值标准所组成的先行条件之中发展；这两个事实是：（1）实际事态有一过程；（2）事态是要求这种限制的价值发生态。

因此，作为形而上学状态中的另一个因素，就需要一种限制的原理。某种特殊"方式"（如何）是必要的，实际事物中所包含的"东西"（何物）之特殊化也是必要的。若不承认这一点，就只能否认实际事态的实在性。它们的显然非理性的限制，应被视为幻象的证明；我们必须在外表之下寻求实在。我们若否认外表之下还有实在，就必须为实体活动的属性中所存在的限制提供根据。这属性提供了那种限制——而那种限制是无法说明理由的，因为一切理由都由此而生。**上帝是终极的限制（the ultimate limitation），上帝的存在也是终极的非理性现象。他的本性中为何恰好有那种限制，是没有理由可说的。上帝不是具体，但他是具体的实际性之根据。我们对于上帝的本性无法提出理由，因为那种本性就是理性的根据。**

在这一说法中，值得注意的是：形而上学不确定的东西，仍然必须作定言确定。我们至此达到了理性的限度。因为有一种定言的限制，不是从任何形而上学的论点中产生的。决定的原则可能在形而上学中有必要，但被决定的东西却没有形而上学理由作根据。若有这种理由，就毋须其他原则了：因为这时形而上学就必然已经提供了这种决定。经验主义的一般原则所根据的理论是：有一种具体原则不是抽象理性所能发现的。我们所能进一步知道关于上帝的东西，都必须在特殊经验的领域中去寻求，因而必须建筑在经验的基础上。人类关于这些经验的解释差异极大。上帝的名称有耶和华、安拉、梵天、天父、天道、第一因、至高存在、变易等。每一名称都相应于使用者经验中引申出来的一套思想体系。

中世纪与近代急于确定上帝的宗教意义之哲学家，都有一种坏习惯；他们喜欢从形而上学来尊崇上帝。上帝被视为形而上学状态与其终极活动之基础。**若坚持这一看法，则只能把上帝看成一切善与一切恶的根源。然后，上帝便是整个世事的最高制作者；任何成功与失败都须归之于他。**但是，若把上帝视为限制的最高根据，则他的本性就使他必然将善恶分开，并且使理性"在她的至高领域中"确立起来。

第十二章　宗教与科学
Religion and Science

探讨宗教与科学之间的关系，困难在于：要阐明这问题，我们心中首先须对"宗教"与"科学"这两个名词具有清晰的概念。我将撇开一切科学或宗教上特殊信条的比较，尽量以最普遍的方式来解释。我们应理解这两个领域之间存在着哪一类关系，并对目前世界所面临的形势提出一些肯定的论断。

我们开始思索这问题时，宗教与科学之间的"冲突"自然浮现在我们眼前。就像近五十年来科学成果与宗教信仰已经到了公开决裂的地步！或是放弃明确的科学学说，或是抛弃明确的宗教信仰，此外别无选择。论战双方都得到这一结论。当然，并非所有论战者都持这种看法。任何争论都会引起一批激烈的知识分子公开交锋，这批人就持这种看法。

敏感的人忧心忡忡，他们对真理的热忱以及对这问题重要性的体认，都引起我们最真挚的同情。若考虑到宗教对人类有何意义、科学的实质是什么，我们就可以毫不夸大地说：未来的历史行程完全决定我们这一代对两者之间关系的态度。**(除了各种感官的冲动之外)对人类具有影响的两种最大的普遍力量，就是宗教方面的直觉与对精确观察及逻辑推理的要求——而这两种普遍力量彼此似乎是对立的。**英国一位大政治家曾劝告他的同胞使用大比例尺的地图，以便防止惊恐及痛苦，或误解国际之间的真正关系。同样的道理，在讨论人类本性中永久因素的冲突时，我们最好也用较大的比例尺画下它的历史图案，并使自己从面临的冲突中解脱出来。做到这一点，我们立即可以发现两个显著事实：第一是科学与宗教之间经常存在着冲突；第二是宗教与科学两者都在不断发展。在基督宗教的早期，信徒普遍都有一个信念，认为世界末日将在他们还活着的时候来临。至于这一信念权威方面到底承认多少，我们只能间接推测。但我们可以肯定地说：这一信念是广泛流传的，并构成了群众宗教信仰中最深入人心的部分。后来证明这一信念错了，于是基督教义再调整以适应这一变化。在早期教会中，神学家各自信心百倍地根据圣经的观点，推论实际宇宙的性质。公元 535 年有一名叫科斯马斯（Cosmas）的修士写了一本《基督宗教的地形学》（*Christian Topography*）*。他游历极广，曾到过印度与埃塞俄比亚；最后他在亚历山大里亚一所修道院中定居下来。当时亚历山大里亚是庞大的文化中心。在这本书中，他根据自己在圣经中逐字逐句直接推论出来的意义，否认地球有对极的存在；他认为地球是一个平坦的平行四边形，其长度是宽度的两倍。

17 世纪时，地动说受到天主教的宗教法庭所申斥。距今一百年以前，地质科学提出了时间广延性，使得新旧教的宗教人士都大为震惊。而今天进化论也仍然是宗教的眼中钉。以上只是略举几个例子来说明一般情况而已。

我们若认为这种一再发生的复杂情形仅限于宗教与科学之间的冲突，并且在这种争论中宗教永远错而科学永远对，那我

---

* 参看勒奇（Lecky）：《欧洲理性主义之兴起及影响》。

们就把问题看错了。实际情况更为错综复杂，根本不可能以这样简单的几句话概括出来。

宗教本身由于内部思想冲突互见，也具有同样性质的发展趋向。这事实对于神学家是常见的，但在争论的气氛中却往往模糊不清。我不拟过分强调这一点，只打算谈谈天主教作家的情形。17世纪有一位渊博的耶稣会士佩塔维斯（Petavius）曾经证明：公元以来3世纪的神学家所用的话，在5世纪以后就被指斥为异端。枢机主教纽曼（Newman）也曾有论文探讨教义的发展问题。他写成该书时，尚未出任天主教的高级神职，但事后他终身都没有收回该书，而且还继续发行新版。

科学比宗教更容易发生变化。任何科学界人士都无法不加以修正地采用伽利略或牛顿的信念，甚至连自己十年以前的全部科学信念也不能不加以修正。

这两种领域中都有增补、分歧及修正。因此，甚至当我们今天把一千年或一千五百年以前的话重说出来，其意义也会受到限制或扩充；这些都是古代无法想象的。逻辑学家告诉我们：一个命题非真即假，不可能有中间状态。实际上，我们也看到一个阐明重要真理的命题，必然受到一些条件限制及修正，而这些在当时是看不出的。**我们的知识只有一个特点，就是我们始终知道有重要的真理存在；然而我们对这些真理所能作出的表达方式，只是预设了某些概念的一般观点，而这观点将随时受到修改。**我可以从科学中举两个例子来说明。伽利略说地球是动的，太阳是固定的；宗教法庭说地球是固定的，太阳是动的；而牛顿派的天文学家则采取一种绝对空间理论，认为太阳与地球都在动。今天我们却说这三种说法都对，只要你所确定的"静止"与"运动"两种概念的意义符合于你所持的见解就行。当伽利略与宗教法庭辩论时，伽利略描述事实的方式，对科学研究无疑极为有利。但就其学说本身而言，并不比宗教法庭的说法更正确。在那个时候，根本没有人想到相对运动的概念；因而这说法便是在不知道更完整的真理要求的条件下说出的。但太阳与地球运动问题却表现了宇宙中一个真确的事实，上述三方面都对这问题掌握了重要真理。只是在当时的知识水平上，这些真理显得彼此不协调而已。

我再从现代物理学中找一个例子。自 17 世纪牛顿与惠更斯的时代以来，关于光的物理性质的问题，一直存在着两种说法。牛顿的理论认为：光是由微粒流组成的；当微粒撞击到我们的视网膜时，我们就会产生光的感觉。惠更斯则认为：光是由一种无所不在的以太所产生的极细微的振动波构成的，这些波随同光线一起传播。这两个说法互相矛盾。18 世纪的人都相信牛顿的说法，而 19 世纪的人都相信惠更斯的说法。今天我们则发现一大群现象只能用波动说解释，而另一群现象只能用微粒说解释。科学家目前只得保持现状，等待将来眼界打开时，再调和这两种说法。

关于宗教与科学之间发生争执的问题，我们也应采取同样看法。这两个领域中的任何事情，由我们自己或博学的权威经过批判的研究，提出确切的理由作为根据，否则无法使我们相信。若是事先做到这一点，那么当双方在互相交错的细节上发生争执时，我们就不会轻易被引导而放弃已有确实证据的理论了。我们也可能对其中一套理论更感兴趣。但只要我们具有继往开来的精神，我们就会等待而不会参与互相攻讦。

我们应该等待，但却不当被动地或失望地等待。冲突仅是一种前兆，它说明了还有更宽广的真理与更美好的远景，在那儿更深刻的宗教与更精微的科学将互相调和。

因此，在某种意义下，宗教与科学之间的冲突无伤大雅，只是被人过分强调了。若仅在逻辑上冲突，则只须加以调和，双方的变化可能都不大。**我们应记住：宗教与科学所处理的事件性质各不相同。科学从事于观察某些控制物理现象的一般条件，宗教则完全沉浸于对道德价值与美学价值的玄思中。**一方面拥有引力定律，另一方面拥有对神性美的玄思。一方面看见的东西，另一方面没有看见；反之亦然。

举例而言，我们不妨看看卫斯理（John Wesley）和亚西西的圣方济各（St. Francis of Assisi）两人的生平。从自然科学方面来说，他们的生平只有生理化学原理与神经反应动力学发生作用的普遍事例，而在宗教方面则具有世界宗教史中意义最深刻的事迹。若宗教原理与科学原理没有完整的表达法可以应用到这些特殊事例，那么从这两种观点来说明他们的生平就会显得格格不入，难道这值得惊奇吗？不这样才是怪事啊！

但是，若说我们可以不理会科学与宗教之间的冲突，那也不切实际。在理性的时代中，绝不会有一种积极的观点，要抛弃调和真理的愿望。安于分歧，就是破坏公正精神与高尚道德。自尊自重的知识分子应当探索并彻底解决思想上的每一种矛盾。若压制这种动力，就不能从觉醒的慎思明辨中得到宗教或科学。要紧的是：我们将以什么态度来对待这问题？我们在此遇到决定性的关键。

理论的冲突并非灾难，而是幸运。我将举几个科学方面的例子来说明。诸位都知道氮的原子量。同时，科学上也有十分确定的原理，说明一定质量中的原子的平均重量总是相等的。但是，已故的瑞利勋爵（Lord Rayleigh）与已故的拉姆齐爵士

(Sir William Ramsay)所作的两项实验,发现了若用两种不同的方法制取氮,结果虽然都能得到,但这两种氮的原子量却总有些微的差别。请问,这两人若因化学理论与科学观察之间发生冲突而感到失望,那能不能说是理性的行为呢?假定某个地区由于某种缘故而非常重视化学理论,并视之为社会秩序的基础;那么,禁止发表试验所得而与理论不符的事实,难道能算是明智的、正直的与道德的行为吗?或者说,瑞利勋爵与拉姆齐爵士难道会宣称化学理论已经是被拆穿的幻想吗?很显然,用这两种办法处理问题都不对,瑞利与拉姆齐的做法是:他们都认为自己找到某种观察门径,据此可能发现某种以往未曾观察出来的精微化学理论。事实与理论之间的这种出入并非灾难,反而是一个开拓化学知识领域的机会。诸位都知道这故事后来的结果:氩被发现了,这种新的化学元素不知不觉地潜藏着与氮在一起。但这故事还有下文,也就是我要举的第二个例子。这一发现使人们注意观察那些用不同方法制取的化学物质之间的细微差别。接着有人用最精密的方法进行观察。终于另一位物理学家阿斯顿(Aston)在英国剑桥大学卡文迪什实验室发现:甚至同一元素也可能具有两三种不同的形式,叫做"同位素";平均原子量不变的法则在各组同位素中是适用的,但在各同位素之间则略有差异。这一研究大为增强了化学理论的力量。原先由氩的发现而引起的研究,却获得了出乎意料的成绩。这故事的教训一望即知,诸位不妨把它应用到宗教与科学的问题上去。

在形式逻辑中,矛盾是失败的标志。但在实际知识的发展中,矛盾则是走向胜利的第一步。这是对不同意见必须作最大限度容忍的理由。这种容忍的责任已经一劳永逸地总结在一句

话中："让这两样一起成长，直到收割。"基督徒不能遵循这一条具有无上权威的箴言，真是宗教史中的怪事。但就追求真理所需要的品质来说，我们的讨论还不够彻底。有些捷径只能导向表面的成功。只要你愿意抛弃一半证据，你便可以很容易找到在逻辑上和谐而在事实领域中也适用的理论。每一时代都出现过逻辑清晰的智者，他们能理解人类某些经验领域的意义，并形成或继承一种思想体系，恰好可以适合于自己所关心的经验。这种人常常武断地漠视一切产生矛盾因而使他们的思想体系发生混乱的证据，或是设法自圆其说。凡与他们体系不能配合的都被视为无稽。唯有坚定不移地耐心考虑全部证据，才能避免像流行见解一样，在两极之间摇摆。这种忠言看似容易，其实很难做到。

难以做到的理由之一是：我们不能预先构思，然后再行动。我们自降生于世，即投入行动中，只能偶尔运用思维来指导。因而我们在许多不同的经验领域中，采取适合该领域的思想。我们虽然知道有些微区别无法顾及，但还是要完全相信适用于一般情况的思想。同时，除了为行动所需，我们甚至无法记住全部的证据，有的话也只是不完全和谐的理论形式。我们无法透过无限繁杂的细节来构思；我们的证据唯有在一般观念的指导下才能具有一定的意义。我们由前人继承了这种观念——所谓文化传统。这种传统的观念不可能静止不变。它们若不是退化成毫无意义的公式，便是由于更精微的理解而获得了新意义，增加了新的生命力。在批判的理性推动下，在活生生的感性证据面前，在科学观察的冷静与确定的事实当中，它们将发生变化。可以肯定的一点是，你无法使它们静止不变。任何时代都不可能仅仅是重复祖先的情况。你可以把生命保持在形式的流变中，或者是在生命的低潮上保持形式。但你不可能永远把同一生命封闭在同一模式之中。

欧洲各民族现今的宗教情况，证明了我以上的说法。其中的现象相当混乱。有时有宗教的逆潮及复兴。但许多世代的总趋势是欧洲文化中的宗教势力已经日趋衰退了。每一次复兴都只能达到比前人低一等的高峰，而每一次松懈期则陷入一个比前人更低的深渊。平均的曲线说明了宗教的声势日益消沉。某些国家的宗教兴趣比其他国家高，但即使是这些国家，几个世代下来还是一样往下降。宗教似乎要退化成一个下降的公式，其作用只能点缀一下奢华的生活。这样大的历史运动是由许多原因汇合而成的。本讲之中我只打算讨论两点。

首先，近两世纪以来，宗教一直处于防守地位，并且欲振乏力。这时期正是空前的知识进步时代。在这种情形下，思想方面产生了一系列新状况。宗教界的思想家在任何形势下都是被动的，许多在宗教中视为极关紧要的东西，经过一阵挣扎、烦恼与咒骂之后，还是作了修改或另行解释。于是，下一代为宗教辩护的人便祝贺宗教界所获之更深领悟。在许多世代中，像这样不光荣的撤退一再出现之后，宗教界思想家在知识界的威信就几乎一蹶不振了。我们不妨对照一下：达尔文或爱因斯坦所宣布的理论修正了我们的思想，那是科学的胜利。我们不会说：旧的观念被推翻了，那是科学的失败。相反地，我们知道科学的领悟又进了一步。

宗教除非能像科学一样面对变化，否则无法保持昔日权威。宗教的原则可能是永恒的，但表达这些原则的方式则必须不断发展。宗教的发展主要是：清除前一代人用幻想的世界图景来解释它的观念时所产生的复杂成分，而把自己的固有的观念解

放出来。像这样把宗教从不完善的科学中解放出来，总是有好处的。它澄清了自身真正的使命。应当记住的重点是：一般说来，科学每前进一步，便证明各种宗教信念的表达方式需要作某种修正。它们可能需要加以扩充、诠释，或完全用另一方式重述。若宗教本身是真理的一种完整叙述，这种修改就只是把重点更精确地表达出来。这种过程是有益的。因此，任何宗教若是与自然界事物接触，那么随着科学知识的不断进步，有关这些事实的观点就须加以修正。这样一来，这些事实对宗教思想的正确意义就会日益明确。然后，科学的进展必将不断修正宗教思想，因而对宗教本身有莫大好处。

16、17世纪的宗教争论，使神学家陷于一种极其不幸的心态中。他们不断在攻击和防卫。他们把自己描绘成四面楚歌声中的护城勇士。这些说法都是似是而非的真理，它们广为流传，但是颇为危险。把自己当成卫士的描述，尤其养成了一种好勇斗狠的党派性——这种精神是缺乏信仰的表征。他们不敢修正，因为他们企图逃避责任，不愿把自己的精神使命与某种个别的幻想划清界限。

兹举一例说明。中世纪初期，人们认为天堂在天上而地狱则在地下，火山被认为是地狱的入口。我并不是说这种信念已经成为正式学说——但它却深入了一般人关于天堂与地狱的信念。大家都认为有关未来的教义，就包含了这种观念。它潜入了基督信仰中有力的诠释者的说法中。例如，教皇格里高利（Pope Gregory）的《对话录》（*Dialogues*）就出现过这种观念；这人的神职地位极高，世界上比这地位更高的唯有他自己对人类的服务。我要谈的，不是我们对于未来的说法应相信什么。不论正确的教义应当是什么，在这一点上科学与宗教总是冲突的——科学把地球降为隶属于不重要的太阳的一个次要行星，因而就驱除了中世纪那种幻想——这样一来，这种冲突对宗教的灵性事务大有助益。

探讨宗教思想发展的问题，还有另一方式，就是要注意：任何口传的叙述经由大众传布一段时期之后，就会暴露出含糊不清的地方；而这些含糊之处又往往产生重大作用。一项教义在过去的实际意义究竟如何，若单从逻辑上去分析当初不了解逻辑的重要性时所作出的口头叙述，那是无法确定的。我们还须考虑人性对思想体系的全部反应：这种反应的性质是复杂的，其中包含人性低处所发出的情感因素。科学与哲学之不带感情的批判，在此可以帮助宗教的发展。这种推动力的事例不胜枚举。例如，使用宗教力量来清洗人性之说，其逻辑上的困难便在公元5世纪初贝拉基（Pelagius）与奥古斯丁（Augustine）的时代，引起基督宗教分裂。这种争论的余音在神学中缭绕不绝。

总之，我的看法认为：**宗教是人类某种形式的基本经验之表现；同时宗教思想这种表现法也不断趋于精纯，不断排除芜杂的现象。宗教与科学的接触是促进宗教发展的一大因素。**

现在，我要谈谈现代人宗教兴趣衰退的第二个理由。这里涉及我在开头所说的一个终极问题，亦即：我们必须知道宗教的意义是什么。教会在答复这问题时，或是在宗教的各方面提出适合于过去时代的感情反应的说法，或是提出足以使近代非宗教人士感兴趣的说法。所谓第一种情形是：宗教所祈求的东西，一部分是激起人们对暴君愤怒的本能恐惧（这是古代专制王国的苦难臣民心中最深刻的印象），特别是引起人们害怕激起那不可知的自然力量后面的全能暴君发怒。像这样诉诸兽性恐

惧的固有本能的方式，已经逐渐失势了。因为现代科学与现代
生活条件告诉我们：遇到恐惧的情况时，要用批判的方法来分
析它的原因与条件；所以，这一方式得不到直接的效果。宗教
是人性寻求上帝的反应。把上帝描述为一种强力，会激起现代
人各种带批判性的本能反应。这是具有决定意义的问题，因为
宗教的主要论点若不能及时获得人们的拥护，它就要垮台。在
这方面，旧的词汇与现代文明中的心理学不能相容。这种心理
学上的变化多半源自科学，这可以说是科学的进步促使人们理
解旧宗教表达方式的主要途径之一，现代宗教思想中掺入了一
种非宗教动机，那就是为现代社会谋求一个舒适组织的愿望。
宗教被描述成对安排生活有价值的东西。宗教成立的理由是它
有裁定正确行为的作用。正确行为的目的又很快退化而成为仅
只为了使社会关系愉快。在此，我们看到宗教观念产生一种不
知不觉的退化；这是由于它在较为明晰的伦理直觉的影响下逐
渐澄清之故。**行为是宗教的副产品：这是不可避免的副产品，
但却不是主要方面。每一伟大的宗教导师都反对把宗教说成只
是行为准则的裁定者。**圣保罗曾指斥法律，清教徒的神职人员
则把正义说成一堆废物。**坚持行为准则，正说明宗教热忱的减
退。最重要的是：宗教生活并不是追求舒适的生活。**现在，我
要坦率说出我个人所知宗教精神的基本性质是什么。

　　**宗教是某种东西之超视（vision）。这种东西既处在当前变
化生灭的事物之流中，同时又处在事物之外与之后。这种东西
是真实的，但还有待于体现：它是一个渺茫的可能，但又是最
伟大的当前事实；它使所有已发生的事情具有一定意义，同时
又避开了人们的理解；它拥有的是终极的善，然而又可望而不
可即；它是终极的思想，然而又是无法达成的探求。**

　　人性对宗教超视的直接反应是崇拜。当宗教开始在人类经验中产生时，是与野蛮人想象中最原始的幻想夹缠并现的。这种超视在历史过程中逐渐地、缓慢地与稳定地转化为更高级的形式，并且有更清晰的表达方式。那是人类经验中的一项要素，历久弥新地显示向上的趋势。它消逝之后又重现。当它重整旗鼓时，就以更丰富与更纯洁的内容出现。宗教超视与它不断扩大的历史过程，是我们抱持乐观主义的理由。**离开了宗教，人生便是在无尽痛苦与悲惨之中昙花一现的快乐，或是瞬息即逝的经验中一种微不足道的琐事而已。**

　　这一超视所要求的只是崇拜；而崇拜就是在互爱的力量驱使下接受同化。这一超视从来不作否定。它经常存在，并充满爱的力量——这种爱的力量代表一种目的，完成这种目的就是永恒的和谐。我们在自然界中所看到的这种秩序绝不是力，它表现为复杂细节之间和谐的适应。恶就是兽性的驱动力，它要求达到的是支离破碎的目的，而不管永恒的超视。恶才会否定、阻扰与伤害。**上帝的力量在于他所引发的崇拜。一种宗教的思想方式或仪式，若能促使人们领会到高于一切的超视，它便是强大的。对上帝的崇拜不是安危的法则，而是一种精神的探险，是追求无法达成的目标之行动。压抑高尚的探险希望，就是宗教灭亡的来临。**

第十三章　社会进步之要件
Requisites for Social Progress

近几世纪以来，人类的活动都由一系列本能观念所控制；本讲演集的目的，是要分析科学在构成这些观念的背景时有何反应。一切都说明之后，这种背景对于事物的结语，就会形成一种模糊的哲学形式。这三个世纪造成了近代科学的时代，它们环绕着"上帝""心灵""物质"，以及用"简单定位"表示物质而产生的"时间"与"空间"等观念发展。整体说来，哲学强调的是"心灵"，因而在最近两个世纪中与科学脱节。但由于心理学的兴起，同时它又与生理学有关，所以便有渐次恢复旧观之势。晚近以来，17 世纪所确定的物理科学原理已经瓦解，这也帮助了哲学的复兴。但直到这次瓦解之前，科学一直稳稳地停留在物质、空间、时间以及稍后的能这些概念上。当时还有许多武断的自然定律来决定空间运动。这些都是得自经验的观察，同时又因着某种模糊的理由而被视为普遍。任何人若在理论上或实际上怀疑这一点，便会受到严厉的谴责。即使人们并不怀疑科学家相信自己的说法，这一论点对他们来说也纯属虚构。因为他们所持的哲学见解，对于他们的假定——认为当前事态所具有的直接知识可以用来解释过去与未来——是完全没有根据的。

我也曾简单提出另一种科学哲学，其中以"机体"取代

"物质"。为了这一目的，唯物论中的心灵分解为机体的功能。心理领域即表示事件的本身。我们的躯体事件是一非常复杂的机体形式，所以它包含认识。同时，时间与空间从最具体的意义来看，便是事件发生的场所。机体是一定形式的价值之体现。某种实际价值的发生，有赖于调和各种不同意见之限制。因此，事实上，事件本身便由于这种限制而成了价值；但正是由于这一点，它才同时也需要整个宇宙参与，才能成为其自身。

一切意义皆取决于持续。持续就是在时间过程中保持价值的达成态。持续的东西是自身固有模式的同一。持续需要有利的条件。全盘科学即环绕着持续机体的问题。

目前的科学影响可以分四方面来说：（1）关于宇宙的一般概念，（2）技术的应用，（3）知识的专业化，（4）生物学说对于行为动机的影响。我在前面几讲中，已经努力作了概述。在这最后一讲中，应该谈一谈科学对于文明社会面临的问题有何反应。

科学介绍到近代思潮中的一般概念，与笛卡儿所阐明的哲学理论无法分开。我是指这种说法：躯体与心灵是独立存在的个别实体，两者都是由于自身的缘故而存在，完全毋须涉及对方。这种看法与中世纪道德原则所产生的个人主义若合符节。这样固然说明了这概念何以如此容易被人接受，但其来源依旧模糊不清；这虽很自然，但还是非常不幸。道德原则强调了个别实有的内在价值。这种强调把个人与个体经验的观念提到思想的最前头，混乱即由此产生。每一实有的发生态个体价值就变成了它的独立实体存在，而这是一个完全不同的概念。

我并不是说笛卡儿用明显的推理造成了这个逻辑的（毋宁说是不合逻辑的）变化。并非如此；他是先把自己的注意力集中在自觉的经验上，那些经验被当作是他自己独立的心理世界中的事实。他所以会被导引用这种方式思维，是由于当时风尚强调整个自我的个体价值。他隐晦地把本身实有所具的发生态个体价值，变成了充满独立实体的激情或样态之个人世界。

他赋予躯体实体以独立性，因而使它们完全脱离价值的领域。它们退化成一种完全没有价值的机构，只能提示一些外表的机巧性。天国也失去了上帝的光辉。这种看法一般认为是新教从依靠物质媒介的感性效果上回缩的结果。这种回缩会把价值赋予那些本身毫无价值之物。在笛卡儿以前，这种回缩的趋势已经很明显了。因此，笛卡儿关于物质粒子无内在价值之说，只是把尚未被介绍到科学思想与笛卡儿哲学以前就已经流行的理论，用明确的词句表达出来而已。这理论可能早已潜存在经院哲学之中，但在遇到这位16世纪的北欧思想家以前，一直没有产生效果。笛卡儿所装备的科学使这种观点稳定下来，并在知识领域中占有地位。后来这一观点对于近代世界的道德前提具有极其复杂的影响。它的良好效果是在当时的狭窄领域中可以作为有效的科学研究方法，这种狭窄领域在16世纪是非常适于探讨的。结果使得欧洲思想普遍清除了远古的野蛮时代所遗留之歇斯底里的痕迹。这些都是好的，而且在18世纪也完全实现了。

到了19世纪，社会进入工业化时期，这些学说的恶劣效果就发生了致命的影响。把心灵当成独立实体之说，不但直接引导个人自有的经验世界，而且也引导出个人自有的道德世界。道德直觉被认为只能应用于全部个人自有的心理经验世界。因此，"自尊心"与"尽量利用自己的机会"这两个概念，就构成了当时工业界领袖人物的现实道德。今日西方世界还受着前三个世代狭隘的道德观念之害。

认为单纯物质没有价值这一假定，使人们对自然美与艺术美缺乏尊敬。当西方世界都市化的过程迅速发展，需要对新的物质环境的美学性质进行最精微与最迫切的研究时，主张这类观念没有考虑价值的说法达到最高潮。在工业化最盛的国家中，艺术被视为儿戏。19 世纪中叶，在伦敦就能看到这种思想的惊人实例。优美绝伦的泰晤士河曲折地穿过城区，但在查令十字路口（Charing Cross）却大煞风景地架上一座铁路桥，桥的设计根本不曾考虑审美上的价值。

由此产生两种恶果：（1）不顾每一机体与其环境的真正关系，（2）不顾环境的内在价值——它在考虑终极目的时应该充分估计进去的。

近代社会遭遇的另一个大问题是：专家训练法的发现。所谓专家是在特殊的思想领域中专业化，因而在个人所专精的范围内不断增进知识。这种知识专门化颇有成效，使近代有两项特色不同于古代，值得我们留意。第一，近代的进步日新月异，使一个普通寿命的人便会遇到沧海桑田的变化。专人专职的作法在古老的社会中是一种天赐之福，但在未来的世界却将贻祸大众。第二，近代知识专业化的结果，在知识领域中也产生相反的效果。一个现代化学家可能对动物学方面的知识很差，而对伊利莎白时代戏剧的一般知识更差，对英文诗的韵律毫无所知，而对古代史的知识更是一窍不通。我所说的当然是一般趋势，因为化学家并不比工程师、数学家或古典学家更糟。其实，有效的知识应当是以专业知识为主，然后再在某种程度内对相关的有益题材有其认识。

这种情形隐伏着危机。它将产生限于一隅的思想。每项专业都在进步，但却只能在自己的那个角落里进步。在思想上限于一隅，在一生中便只会思考某一套抽象概念。这个角落将成为人们跨过原野的障碍，而抽象概念所概括的东西，是没有人再加以注意的了。但任何抽象角落都不足以囊括人生。因此，中世纪知识分子的禁欲主义，被近代一种不用具体方式考察全面事实的知识禁欲主义所取代。当然，任何人都不会仅只是一个律师或数学家。人们在自己的专业以外都有其他的活动。但问题是真正的思想家被局限在一个角落里。生活的其余部分，只是由一个专业中引申出来的不完整的思想范畴来作浮面的处理。

这种专业化趋势所产生的危险很大，在我们的民主社会中尤其如此。理智的指导力量减弱了。**知识界的领导人物失去了平衡。他们看到的只是这一种或那一种环境，而不曾看到全面。于是调度的责任交给了庸碌无能而不能在某种事业中获得成熟的人。**简单地说，社会的专业化功能可以完成得更好、进步得更快，然而总的方向却发生了迷惑。细节上的进步只能增加由于调度不当而生的危险。

不论你怎样解释社会，关于现代生活的这一评论可以适用于一切环境；不论是国家、城市、地区、机关、家庭，甚至个人，都是一样。特殊的抽象理论有发展，但具体的理解则在退化。整体沉没于某一局部之中。我不想坚持说，现代的指导智慧在个人或在社会方面都不如从前。事实上，这种智慧还可能稍微增进了。但是，若要避免灾难，新获得的进步就须有更坚强的指导力量。然而，19 世纪的各种发现都朝专业化发展，因此我们在指导智慧上便得不到发展，使得需要更形迫切。

智慧是平衡发展的结果。教育所要达到的，正是这种个性的平衡发展。对不久的未来而言，最有用的发现，就是能增进这一目的而不妨碍必要知识专门化的发展。

我个人对传统教育方法的批评是：过于偏重知识的分析与求得公式化的材料。我的意思是：我们没有注意培养一种习惯，对于发生态价值充分交互影响的个别事实作具体的认识。我们所强调的只是抽象的公式，而抽象公式则不管这种价值的交互影响。

现在各国正在考虑通才教育与专业教育的平衡问题。我除了自己的国家以外，对其他国家没有直接了解，不能妄谈。我知道英国有许多从事实际教育的人都不满意现行的教育方法，同时，整个教育制度无法适应民主社会的要求，这一问题也根本没有得到解决。我认为解决的秘诀，并不在于把彻底的专门知识与较浅近的普遍知识对立起来。弥补专门知识教育的缺陷的，必须是一种与纯粹理智分析知识完全不同的训练。目前我们的教育方法是深入研究少数抽象概念，然后再较为广泛地稍稍研究其他更多的抽象概念。我们的学校课程简直太死靠书本了。一般的训练应当以阐明具体认识为目标，应当满足青年实际做出某些东西的欲望。甚至在这儿也可以有一些分析，但只要能够说明在不同领域中的思想方法就够了。**在伊甸园中，亚当先看见动物，再指出它们的名字；但在我们的传统体系中，儿童却是先知道动物的名字，然后再看见动物。**

解决教育事业中的实际困难，不可能有一蹴而就的办法。但在一般理论中，仍可采一简单的方式作指导原则。学生应当集中于一定领域。这种集中须包括一切实际上及知识上的必要条件。一般的过程都是这样，我个人亦赞成促进这种集中。伴随这种集中过程，还有一些辅助的学习，如科学的语言等。这种专业训练计划，必须导向一个适合学生的明确目标。我们毋需为这一说法多作解释。当然，这种训练必须具有适合本身目的的宽度。但计划时却不可涉及其他目的，以免发生混乱。这种专业训练，只能涉及教育的一个方面。它的重心在于知识方面，而主要工具则是书本。另一训练重心则应当放在直觉方面，而不要脱离环境的分析。它的目标应当是直接的理解与最精准的分析。最需要的普遍概念，是认识各种价值。这就是审美方面的一种发展。在纯粹实践的人那种粗糙的专业化价值，与埋首研究的学者那种微弱的专业化价值之间，还有另一种东西存在。这两种人都缺少某些东西；即使把这两种专业化价值加在一起，也得不到所欠缺的东西。他们缺少的，是对一个机体在其固有的环境中所达成的各种生动价值之欣赏。例如，你理解了太阳、大气层与地球运转的一些问题，仍然可能遗漏了太阳西沉的余晖晚照。对事物在其实际环境中的具体达成态的直接认识，是没有任何东西可以取代的。我们需要具体事实，并且需要展现它的真正价值。

我所说的是艺术及美学教育。但这里所谓的艺术，含义非常广泛，我甚至不愿用"艺术"一词。艺术是个特殊例子。**我们需要的是陶冶成一种审美领悟的习惯**。根据我所阐述的形而上学理论，这样是在增加个性的深度。我们分析实在界，发现有这两种因素由于潜在活动引申为个体化的审美价值。而发生态的价值，即是活动个体化的尺度。我们必须培养那维持客观价值的创造能力。没有创造能力就不可能有领悟，没有领悟也不可能有创造能力。当你接触实际情况时，就不能没有具体活动。**没有推动力，敏感性就会变成怠惰；没有敏感性，推动力就会变成粗野**。我所谓敏感性是指其最广泛意义而言，因此包括对本身以外的东西之领悟；亦即对一件事情中全部事实之敏感性。**因而我所追求的广义"艺术"，便是一种选择具体事物的方法；它把具体事物安排得能引起人们重视其本身可能体现的特殊价值。**例如，我们调整身体与眼界的范围，以便能充分看到日落，这就是艺术选择的一个简单实例。艺术的习惯是享受现实价值的习惯。

但在这种意义之下，艺术所顾及的并不止是日落。例如一座工厂，它的机器、工人群众、对大众的服务、对于组织等设计天才的依靠、对于股票持有者成为财富的泉源等等，它是表现各种现实价值的一个机体。我们所要训练的是理解这样一个机体的全面情况的习惯。在亚当·斯密（Adam Smith）死后（1790 年）的初期，对于政治经济学的研究究竟害多或利多，是一个值得争论的问题。它破除了许多经济学上的谬论，教导人们怎样理解当时正在进行的经济革命。但它又让人顽固地接受一套抽象概念。这对时代思潮的影响为害甚深。他把工业中的人性成分一笔勾销了。这只是现代科学中所存在的普遍危机之一例。它的方法论是排他的、偏狭的，而且还自以为是。它只注意某一套抽象概念，而抹煞其他一切东西；它把有关自身内容的一切资料与理论都详加解释。假使只为求得抽象概念的正确性，这种方法是成功的。但无论如何成功，它总有一定限度。不考虑这些限度，就会产生严重的疏忽。科学的反理性主义能够存在，其根据一部分是由于它能保持有用的方法论；另有一部分则纯属非理性的成见。现代的专业化就是训练人的思维去遵循方法论。17 世纪的历史性革命与更早时期对自然主义的反响，都是超越中世知识阶层所迷恋的抽象概念的例子。这些较早的时期都具有理性主义的理想，但却没有追求到它。他们忘记了推理的方法需要运用抽象作用所涉及的限制。因此，真正的理性主义必须经常超越自身，回归具体事实以求得灵感。自满自足的理性主义，实际上就是反理性主义。这是在某一套抽象概念上武断地停住了。科学的情况正是如此。

事物的本质中具有两项原则，不论我们探讨任何领域，它们都会以某种特殊形式体现出来——那就是变化（change）的原则与守恒（conservation）的原则。任何实在的东西，都不可能缺少这两项原则。只有变化而没有守恒，就是从无到无的流逝。最后汇集时，只能得到不存在的实有。只有守恒而没有变化，也无法守恒。总而言之，环境是处在流变之中的，单纯的重复将使存在失掉新颖性。现存的实在，是由事物流变中持续的机体构成的。机体的低级形式所达成的自我同一，统治着它们整个实际生命。电子、分子、晶体，都属于这一形式。它们显示出质量与完整的同一性。在出现生命的高级形式中，情形更加复杂。这里虽然也有复合的持续模式，但这模式还是退到整个事物的深处去了。在某种意义下，人类的自我同一比晶体更为抽象。这种同一是"精神"（the spirit）的生命。它与具有创造性活动的个体化有关；所以有生命的人格与从环境中获得的变化条件分开了，那些条件被视为构成该人格被感知的领域。实际上，知觉的领域与感知的心智都是抽象概念，在具体情形中构成了一连串身体的事件。心理领域本身只限于感官对象与匆匆流逝的感情，只是较小的恒存性，仅能免于变成纯粹幻化之类的"不存在实有"（the nonentity）。心智是主要的恒存性，它充满在整个领域中——而这领域的持续性则是灵魂。但灵魂若没有匆匆流逝的经验来充实，就会枯萎下去。高级机体的秘密在这两个等级的恒存性。在这种方式下，环境的新颖性被吸收到灵魂的恒存性中，变化的环境由于多样化，便不再是持续机体的敌人了。高级机体的模式退到个体化活动后面去了。这是高级机体对待外界条件一致的方式；若外界条件有适当变化，这种方式更可以得到加强。

像这样充实灵魂，就是为何要有艺术的理由。一个静止的价值不论怎样重要，由于它的持续态过于单调，就变成难以忍耐的了。**灵魂大声疾呼地要求解放到变化中去。它处在幽闭禁绝之处，必将痛苦万分。情绪、思虑、玩笑、游戏、睡眠等等的变化，尤其是艺术的变化，对于灵魂来说都是必要的。伟大的艺术就是安排环境，使它为灵魂创造生动活泼却匆匆流逝的价值。**人类在某些时刻，需要有些东西来吸引他，需要有某种反常的东西来吸引他的注意力。但是除非在思想的抽象分析中，我们是无法把生命剖分的。因此，伟大的艺术还不仅是一时的刺激。它为灵魂增添了自我达成态的恒存的丰富内容。它存在的理由一方面是直接的享乐，另一方面是内在的存在法则，这种法则与享乐并无区别，而是由享乐产生的，它使灵魂变成了永恒价值的体现，超越了他从前的自我。艺术中这种变化的因素，可以从它本身历史所反映的变动不已情况中看出来。当时代充满了某一派别的杰作时，就须找出某种新东西。人类不断前进。但事物中还是要有一个平衡。在没有充分达到达成态时就发生变化，不论在性质上或产物上都将对伟大性质发生破坏作用。现存的艺术不断在发展，但同时也正在离开它不变的目标，所以它的重要性是不能加以夸大的。

对于文明社会的审美需要来说，科学的反应一向是不幸的。它的唯物论基础使人们把"事物"与"价值"对立起来。如果从具体的意义来看，这种对立是虚假的。但从一般思想的抽象水平上来看，这却是真的。这种错误的强调与政治经济学的抽象概念结合起来了。实际上，商业活动就是按照这些抽象概念进行的。因此，一切有关社会组织的思想都用物质的东西或资本来表明。终极的价值被排斥了。人们对这些价值敬而远之，然后把它们转交给神职人员作礼拜用。商业竞争的某种道德信条制定出来了，在某些方面还算高尚，但却完全没有考虑人生价值。工人被当成劳工窝里抽出来的人手。对于上帝提出的问题，人们的答复就是该隐（Cain）的答复："我岂是看守我弟弟的人?"他们也犯了该隐的罪。英国的工业革命就是在这种气氛中完成的，其他地方大半也是如此。最近半世纪以来，英国内部的历史就是缓慢而痛苦地努力消除新时代初期所遗下的恶果的历史。**文明或许再也无法从使用机器后所造成的恶劣气氛中恢复了。**这种气氛充满了北欧进步民族的整个商业体系。**造成这种情形的原因，第一是新教徒在审美上的错误，第二是科学唯物论，第三是人类天生的贪欲，第四是政治经济学的抽象概念。**我这一看法可以在麦考莱（Macaulay）论骚塞（Southey）《关于社会的对话》（*Colloquies on Society*）的一篇批评中找到解释。这篇文章写于 1830 年。麦考莱已经成为当时或历代人物中极受推崇的一人。他深富天才，而且是一位心地善良与受人尊敬的革新家。以下是该文的一段：

> 人们说，我们这一时代所产生的滔天罪恶是我们的祖先所不能想象的。现在社会所处的状况还不如完全毁灭更好。这一切都是由于纺织工人所住的四壁萧然的长方形房子造成的。骚塞先生说他已经找到了一种方法，可以比较工业与农业的效果。那方法是什么呢？就是站到山顶上去瞭望工厂与茅屋，看看哪一个更可爱。

　　骚塞在书中似乎说了不少傻话。但光就这一段引文来看，他如果在将近一世纪以后的今天再回到人间，却是很说得通的。早期工业制度的恶果，现在几乎已经成为老生常谈了。我所坚持的是，那时的人即使是最贤明的，对于美学在一个民族的生命中具有什么意义，也全是睁眼瞎子。就是今天，我认为我们也尚未作出正确的估价。这一严重错误的产生，还有一个有力的附带因素，就是科学上认为运动着的物质是自然界中具体的实在这一信念。因此，审美价值就变成一个外来的与不相干的附属品了。

　　这种衰败可能性的景象还有另一方面。在科学与技术日新月异的新环境中，未来的文明将是什么？这是目前炙手可热的问题。未来的恶果已经从很多方面诊断出来了。例如失去宗教信仰、滥用物力、差别生育率有利于低等人类而造成的退化、审美创造性的受压制等等。无疑地，这些都是危险而可怕的恶果，但并不是新鲜的问题。**自有生民以来，人类一直在失去宗教信仰，一直在受到滥用物力的危害，一直由于优秀人物后继乏人而未能振兴，并且一直周期性地出现艺术的衰败。**在埃及图坦卡蒙（Tutankhamen）王朝时，新派与旧派之间无情地进行你死我活的宗教斗争；洞窟中的壁画显示出有一时期具有精巧的审美成就，但继之而起的却是一个庸俗的时代。在中世纪，宗教界领袖、大思想家、大诗人与文豪以及全部神职人员，都没有什么创造能力。最后，我们若撇开民主政治、贵族政治、君王、将军、军队、商人等等表面现象，而看一看过去的实际情形，就可以发现一般人使用物力是无目的的、固执的、自私的，甚至往往是恶意的。然而，人类还是进步了。即使拿人类历史中最光辉的一小段来看，也是如此。若把一个现代人放到希腊的鼎盛时期，那么生活得最舒适的也许是重量级拳手，而不是牛津或德国的希腊学者；这一点与目前的情形完全一样。诚然，牛津学者最大的用处只是写一篇颂词替拳手捧捧场而已。一个现代人在自己的工作中感到泄气的，莫过于叫他拿往日的优越处与现代一般的失败事绩相比较。

总之，历史上确实有衰败的时期；目前也和其他时代一样，社会正在衰败之中，必须找出挽救的办法。专家并不是世界上新出现的东西。但过去专家形成一种不进步的阶层。而现在的专家则与进步分不开。目前世界已经面临一种无法控制的体系。这种情形有好有坏。显然，**物力的增长将为社会福利的增进提供机会。**假使人类能善处难局的话，在我们面前确实存在着一个有益于创造的黄金时代。但物力本身在伦理上是中性的。它也能向错误的方向发展。**现在的问题不是怎样产生伟大的人物，而是怎样产生伟大的社会。伟大的社会将使人知道如何应付这局面。**唯物论哲学强调一定量的物质，并从这物质上推演出环境的某种特性。它给人类的社会良心带来非常不良的后果。它几乎完全把注意力导向一定环境中的生存竞争。在很大的程度上，环境是固定的；而在这范围内，生存竞争是存在的。如果只看世界美好的一面，那也太傻了。我们必须承认有竞争。但问题是：谁将被消灭。作为教育家而言，我们必须清楚认识这一点。因为这一点能决定我们将培养哪一类的人物，也能决定我们应向人们灌输哪一类的实际伦理。

但在过去三个世代中，完全把注意力导向了生存竞争这一面，因而产生了特别严重的灾难。19世纪的口号就是生存竞争、发展竞赛、阶级斗争、国际的商业竞争、武装斗争等。生存竞争已经被灌输到仇恨的福音中。幸而从演化哲学所能得出的全面结论是很平稳的。成功的机体将改变它的环境。能改变环境进行互助的机体就是成功的机体。这一法则曾以极大规模在自然界中体现出来。例如，北美的印第安人接受了他们的环境而不知改变，结果是很少一点人口也几乎无法在一个大洲上生存。欧洲民族到了这个大陆之后，却采取相反的政策。他们立刻协力改变了环境，结果是比印第安人多二十倍的人口占了同一块土地，而且还没有住满。还有许多不同的种族联合起来互助合作。这不同种族之间的分化与结合在最简单的物理实有中也表现出来了。例如电子与带阳电的原子核，以及整个生物界中的情况都是如此。巴西森林中的树木就依靠各种不同物种的结合；这些物种是彼此互相依赖的。一棵树单独生存，难免受到变幻无常的环境影响。风可能吹折它，温度的变化可能妨碍树叶的生长，雨可能冲刷土壤，树叶可能被吹走而不能作肥料。在特殊环境或人工培植下，可以获得单独生长得很好的树木。但在自然环境的一般情况下，树木就要联合成树林才能长得好。每一棵树可能在完满的生长方面要失去一些东西，但它们彼此互助共同保持了生存的条件。土壤被保持住了，并且有了树荫，造成肥料所需的微生物不会被晒死、冻死或冲走。一个树林就是标志着互相倚靠的物种组织起来的胜利。而危害森林的微生物也自行消灭了。同时，就两性来看，也同样说明相反相成的好处。在世界的历史中，胜利一向不属于那些以攻击或防御武器见长的物种。实际上，自然最初所产生的动物都是躲在硬壳里防卫生命的灾害的。在躯体的大小上也曾有过一段尝试。但是，体外没有甲胄、温血、敏感而灵活的小动物获胜了，它们驱逐了地面上那些大怪兽。同时，狮子与老虎也不是获胜的种类。凡是惯于使用强力的，往往不能达到目的。它的

主要缺点是不能合作。**每一种机体都需要一个充满友谊合作的
环境：一方面是防卫突然的变化，另一方面是互相供给需要。**
强力的福音（The Gospel of Force）与社会生活不能兼容。所
谓"强力"，是指最广义的"对抗"（antagonism）。

　　但是，统一的福音（The Gospel of Uniformity）也几乎同
样危险。国家与民族彼此之间的差异，对于保持高度发展的条
件是必要的。动物向上发展的主因之一，就是能够四处走动。
披着甲胄的怪兽处处吃亏，恐怕也是由于这一点，因为它们行
动不便。而能够走动的动物则可以到新环境去。它们若不能适
应，只有死亡。人类曾从森林走到原野，又从原野走向海岸，
从一种气候走入另一种气候，从一个大陆走进另一个大陆，从
一种生活习惯过渡到另一种生活习惯。当人类不再走动时，他
就不能在生物领域中更上一层楼。身体走动固然重要，但是人
类精神上的活动更为重要，其中包括思想上的活动、情感上的活
动，以及审美经验上的活动。人类精神上的奥德赛（Odyssey）
必须由社会的多样化来供给材料及驱动力。习俗不同的其他国
家并不是敌人；它们是天赐之福。**人类需要邻人具有足够的相
似处，以便互相理解；具有足够的相异处，以便激起注意；具
有足够的伟大处，以便引发羡慕。**我们不能希望人们具有一切
美德。甚至当人们有奇特得令人纳罕之处，我们也应当感到
满意。

　　现代科学使人类有迁移的必要。进步的思想与进步的技术，
使得一代一代的人所面临的世界，都像是投身于一个没有航线
的海洋中去冒险一样。迁移的最大好处就是会遇到危险，并且
须掌握技术以避免灾祸。同时，我们应该估计未来会出现危险。
未来的作用就在于有危险；而科学的好处之一就是能使未来出

现危险。19 世纪时期，繁盛的中产阶级统治了整个社会；他们过分强调平静生活的价值。他们不愿面对新的工业制度所强加于他们的社会改革的必要。**中产阶级对未来世界的悲观，是由于他们对于文明与安定的概念非常混淆。在不久的将来，安定将比过去少。我必须承认，不安定达到一定程度就会与文明不能兼容。但整体说来，伟大的世纪都是不安定的世纪。**

在这一系列演讲中，我努力描绘出思想领域的一次大冒险。西欧各民族均参加了这次冒险。它以群众运动的缓慢速度发展着。它的时间单位要以半个世纪来计算。这个故事是一次理性展现的史诗。它告诉我们一个民族经过一段长时期的准备后，怎样在理智上产生了一个特殊的方向，此后主题怎样逐渐显示出来，它如何获得了胜利，它的影响如何决定了人类行动的泉源；最后，当它达到胜利的顶点时，又如何显露了自身的限度，于是又唤起人们再来运用一次创造性的思想。这一叙述的教训是：理智的力量是伟大的；它对人类生活具有决定性的影响。**伟大的征服者从亚历山大到恺撒，从恺撒到拿破仑，对后世的生活都有深刻的影响。但是，从泰利斯到现代一系列的思想家能够移风易俗、改革思想原则。前者比起后者，又显得微不足道了。这些思想家个别看来是无能为力的，但最后却是世界的主宰。**

再版后记

我没有写日记的习惯，从小只知道要认真生活，好好工作。过去的事情，如果对现在的我有所影响，就表示它一直存在；如果早已随风而逝，记下一些细节又要向谁诉说？自己都不受影响，又凭什么希望别人注意？

本书编辑要我为本书再版写一篇后记，我由此回忆并联想起求学的一段经历。

我所谓的经历，长达二十年。

十八岁上大学，我的第一志愿是台湾辅仁大学哲学系。这个系以西方哲学为主，侧重古希腊与中世纪的部分，主导的思想是天主教的经院哲学。我很快就发现，外文不好的话，不但很难学会西方哲学，更谈不上喜欢它。老师提醒我们，要能阅读五种外文，就是：希腊文、拉丁文、法文、德文、英文。这实在有些夸张。还是安分些，从英文下手。我开始练习翻译，把英文作品译为中文。换言之，我是从"翻译"去学习西方哲学的。一句英文，没有译为清楚通顺的中文，如何可能充分明白它的意思？我在大学三年级（1971年）暑假，受一位老师委托，开始正式译一本英文书，那是美国大学宗教哲学课上的教科书。译文出版之后，反应如何？惊讶的远多于赞美的。为何惊讶？大学期间就能翻译出书，实不多见；为何赞美的少？因为这本书不但原文艰深，中文译本也不易懂。其实我知道自己是自不量力，力小而任重。几年前我修订此书再版，把原先的译文改得几乎面目全非，这才补救了年少轻狂时的错误。

重要的是，我从此迷上了翻译。译什么书呢？全凭缘分。老师上课提到的书，碰巧又有英文原版可买的，我就找来看，看了喜欢的，就动手翻译。越到后来，越能判断什么书值得译，以及我有能力译什么书。不过，我译怀特海的《科学与现代世界》则是意外。当时已有中译本（我找到的只有内文而不知译者是谁。这次经由编辑告知，才知是何钦先生所译），我对照英文来看，决定重译此书。结果我努力译了前四章，后面遇到许多科学专业的术语，只好大量参考何氏译文，再做修订润饰，勉强完成此事。

关于怀特海在西方哲学界的成就以及本书的特殊见解，我已在 1981 年的译者序中作了说明，不再赘述。这儿想到的，是稍微整理一下自己翻译过的作品：

一、《上帝·密契·人本——宗教哲学讨论集》：这是 1971 年所译，而在 2018 年全面修订再版。

二、《科学与现代世界》，1981 年初版。

三、《四大圣哲》，1985 年初版。这是雅斯贝尔斯（K.Jaspers）《大哲学家》中，列为典范人物的四位代表："苏格拉底、佛陀、孔子、耶稣"。2015 年再版，全面修订并加写两万多字的译者注。

四、《谁受过教育》，1985 年初版。收集二十一篇当代学者谈教育、神话、文学、艺术的专文。

五、《西洋哲学史——希腊与罗马》，这是英国学者柯普斯顿（F.Copleston）九册《西洋哲学史》中的第一册。我由翻译此书而打下西方哲学史的基础。1986 年初版。

六、《现代哲学述评》，内容包括：现象学、存在主义、实用主义、结构主义、托马斯、卡西尔、波普尔、诠释学、人文主义等十六篇专文。1986 年初版。

七、《目的与思想——实用主义的意义》，约翰·史密斯所著，我在耶鲁大学曾选修他的课。本书由我与蔡耀明合译。

八、《人的宗教向度》，杜普瑞著。杜氏是我在耶鲁大学的指导教授。本书是宗教哲学领域的重要著作。全书四十万字，1986 年初版，2006 年修订再版。

九、《创造的勇气》，罗洛·梅著。这是美国存在主义心理学的作品，帮助我了解艺术的深刻意义。

十、《西西弗斯的神话》《误会》，加缪著。这两本书是我在台湾大学哲学研究所撰写硕士论文时所译，初版应在 1976 年左右，后于 2015 年修订再版。

以上是我记忆犹新可以联想起的译本，另外一些专文与短论则要靠电脑搜寻了。我在那二十年的翻译经历中，所译文本超过两百万字。没有这样的经历，我不敢侈言懂一点西方哲学。译事过程之辛苦，不足为外人道；一方面是自讨苦吃，同时也是自得其乐。学习非到这种充分理解的程度，实不易体会其中乐趣。

这样的经历延续下来，使我在研究中国哲学方面，也养成了同样的习惯。我在过去二十年，主要的工作是把国学经典中的《论语》《孟子》《大学》《中庸》《老子》《庄子》《易经》，也即所谓的"四书三玄"，全都译为清楚通顺的白话，并作详细讨论。没有这样的笨功夫，我也不敢侈言传统的国学。

四十年前的译作受到青睐，得到再版的机会，喜悦之情不言而喻。又蒙编者用心核对原文，提出不少修正意见，更是幸何如之。借此机缘，回忆年轻时学习的一段经历，仍觉亲切可喜。这些书伴我成长、惠我良多，也希望年轻朋友一同获益。

傅佩荣

2019 年 5 月 22 日

图书在版编目(CIP)数据

科学与现代世界/(英)A.N.怀特海
(A.N.Whitehead)著;傅佩荣译.—上海:上海人民
出版社,2019
书名原文:Science and the Modern World
ISBN 978 - 7 - 208 - 15851 - 1

Ⅰ.①科…　Ⅱ.①A…②傅…　Ⅲ.①自然科学-影响
-文化史-西方国家　Ⅳ.①K103

中国版本图书馆 CIP 数据核字(2019)第 087637 号

责任编辑　邱　　迪
封面设计　小阳工作室

科学与现代世界

[英]A.N.怀特海　著

傅佩荣　译

出　　版　上海人民出版社
　　　　　(201101　上海市闵行区号景路 159 弄 C 座)
发　　行　上海人民出版社发行中心
印　　刷　上海盛通时代印刷有限公司
开　　本　889×1194　1/32
印　　张　7.25
插　　页　6
字　　数　160,000
版　　次　2019 年 6 月第 1 版
印　　次　2021 年 12 月第 2 次印刷
ISBN 978 - 7 - 208 - 15851 - 1/B・1397
定　　价　45.00 元